Husten – Schnupfen – **Heiterkeit**

Dr. med. Dolf Künzel

Husten
Schnupfen
Heiterkeit

Schmunzel-Geschichten zum
Lesen, Vorlesen und Nachdenken

mit Illustrationen von
Frank Geisler

Impressum

Vertrieb:

FORTHE
Die Vor- und Nachdenker
für Kommunikation im Gesundheitswesen
Bismarckstraße 13
53113 Bonn

Telefon: ++49 (0) 228/28038-0
Telefax: ++49 (0) 228/28038-38
Hallo@FORTHE-net.de
www.FORTHE-net.de

Dr. Künzel, Dolf:
Husten Schnupfen Heiterkeit
Schmunzel-Geschichten zum Lesen, Vorlesen und Nachdenken
mit Illustrationen von Frank Geisler

1. Auflage
© Alle Rechte vorbehalten: Ursula Künzel (Texte), Frank Geisler (Illustrationen)

Lektorat: Undine Knaack
Layout/Satz: MediDesign Frank Geisler, Berlin
Produktion: NEUNPLUS1 – Verlag+Service GmbH, Berlin

ISBN 978-3-936033-45-8
Printed in Germany

Husten Schnupfen **Heiterkeit**

Vorwort

Dieses Kinderbuch ist vor allem als Vorlese-Buch gedacht. Kinder haben bekanntlich viele Fragen und Ängste. Die Eltern und Älteren fühlen sich oft hilflos dem Fragengewitter ausgesetzt. Das gilt auch für die Gesundheit, das Schulleben und halbverdautes Wissen. Dieses Schmunzel-Buch soll helfen, auf ungewöhnliche Weise Antworten auf vielgestaltige Probleme der Kids zu vermitteln. Es ist kein trockenes Medizin-Buch, das kindliche Ängste schüren kann.

In diesem „Kaum-zu-glauben-Buch" werden vordergründig hintersinnige Geschichten erzählt, die zu „Aha" und „Haha" führen, die Wissen aus dem Alltag von Kindern vermitteln und zugleich Schmunzeln auslösen. Was hat es auf sich mit der grasgrünen Maus, die Lukas in die Schule mitbringt und den Biologielehrer nahezu verzweifeln lässt? Wie behandele ich meinen behandelnden Arzt? Was hat Schneewittchen mit Tee-Schnittchen zu tun? Auf Fragen aus dem gewöhnlichen Leben und Erleben der Kinder gibt es ungewöhnliche Antworten – ernst gemeinte, heiter geschriebene.

Angesprochen sind all jene Vorleser, die ihr kindliches Gemüt, ihre jugendliche Fröhlichkeit und gegebenenfalls die Lesebrille bewahrt haben. Vorlesen ermöglicht Erklärungen zu den Geschichten und den Fakten zu liefern, es verhindert Missverständnisse. Autor und Illustrator vermitteln Hintergründe und bildende Bilder. Was passiert beim Husten? Was ist ein Muskel-Kater? Was macht den Darm arm? Haben Zuckerkranke ein süßes Leben? Wie äußert sich mein Inneres? Was machen Ärzte beim Hausbesuch? Vielleicht bedarf manches Wortspiel einer helfenden Interpretation durch den Vorleser. Doch Kinder mögen Wortakrobatik, den Salto wortale. Aber natürlich können die hellwachen Kids das Buch auch selbst lesen.
Es ist ein Sachbuch und ein Lachbuch, ein Kinderbuch auch für Erwachsene. Die heiteren medizinischen Geschichten sollen helfen, das Leben zu verstehen und zu gestalten. Das Buch soll spannend und entspannend sein und vielleicht manche Dok-Torheit vermeiden.

Dr. med. Dolf Künzel, Obermedizinalrat, Facharzt, Lacharzt und Diplom-Opa

Inhaltsverzeichnis

- 8   Vom Umgang mit **kindischen Ärzten**
- 22   **Bauchweh** tut auch weh
- 35   **Schneewittchen** und Tee-Schnittchen
- 40   Das **süße** Leben!
- 48   **K-indianer** kennen keinen **Schmerz**
- 55   **Kater** frisst **Maus**
- 60   Den Blick auf das **Gelenk** gelenkt
- 65   Die grasgrüne **Glitsch-Maus**
- 70   **Wunden** und **Schrunden** für Stunden verbunden

Husten Schnupfen **Heiterkeit**

78	Auf den **Zahn** gefühlt
86	Schlimme **Stimme?**
91	Unerhörtes **Konzert**
96	Große Sorgen eines kleinen Kindes: **Wachs-Figur**
102	Gefährliche **Gefährten**
109	Mein schlimmstes **Ferienerlebnis**
114	Wenn in grünen Ecken wir die **Zecken** wecken
119	**Rauchverzehrer** – Eine seltsame Geschichte

Vom Umgang mit
kindischen Ärzten

„Du hast Fieber", sagte Frau Doktor Ratz-Fatz, Fachärztin für Kinder und andere Katastrophen, als sie zu mir zum Hausbesuch gerufen wurde. „Es sind 38,2 Grad!" Ich strahlte. „Prima!", rief ich, „ist das Weltrekord? Oder wenigstens Deutscher Rekord? Oder nur Kreismeisterschaft?"

Frau Doktor sah mich ziemlich entsetzt an. „Nichts davon, du bist krank, Freundchen. Das heißt das!"

Hausbesuch

Frau Doktor war wirklich nett – so wie in der Arztserie, die Mama immer im Fernsehen sieht. Sie war auch sehr hübsch, so wie die in der Fernsehserie. Auch war sie sehr flink, so wie die in der Serie. Aber, sie wusste nicht gleich auf den ersten Blick, worum es sich handelt – wie die in der Serie doch immer.

„Und was fehlt dir?", fragte sie mich neugierig. Ich überlegte nur kurz und sagte dann: „Mir fehlt

Schnupfen find` ich gar nicht toll,
ich hab davon die Nase voll!

Als Rache von zu kalten Füßen wird man seinen Leichtsinn büßen und muss niesen – statt genießen!

Husten Schnupfen **Heiterkeit**

noch ein Autogramm von Harry Potter und ein moderner Ei-Pott, also iPod ..." Aber da unterbrach sie mich. „Was heißt hier Eier-Pott! Ich meine: Welche Beschwerden hast du?"

Wieso Beschwerden? Sie hatte doch noch gar nichts mit mir gemacht, weshalb sollte ich mich da beschweren? Papa beschwert sich oft, wenn er in der Gaststätte zu lange auf sein Essen warten muss, oder Mama, als der Friseur ihre Haare rosa gefärbt hatte.
Ich sagte Dr. Ratz-Fatz das auch. Da erklärte sie mir, dass sie wissen wolle, was mir weh tut. Warum sagt sie das denn nicht gleich?
Mir tut alles ein wenig mehr weh. Sagte ich. Irgendwie half ihr diese klare Auskunft aber nicht. Sie sagte, sie müsse eigentlich mehr wissen – für die Anamnese.
Also – ich kenne keine Anna. Und was geht die meine Neese an. Ich schwieg trotzig.
Doch die Ärztin erklärte mir, dass man als Arzt stets vor einer Untersuchung erst einmal die genaue Krankengeschichte erfragen muss. Wann, was, wie, wo an welchen Stellen welche Beschwerden aufgetreten sind. Das nennt man dann Anamnese. Nun gut, die Frau Doktor muss ja wissen, was sie so wissen muss.

Horch, was kommt von drinnen raus?

Sie würde mich dann richtig untersuchen, sagte Frau Doktor. Wie eine Untersuchungs-Richterin? Ich solle erst einmal meine Schlafanzugjacke ausziehen. Ich tat es gern, denn ich mag die Jacke ohnehin nicht. Es ist ein Weihnachtsgeschenk von Oma – und ich muss sie nur anziehen, wenn Oma zu Besuch kommt.

Frau Doktor muss mich erst beklopfen, dann gibt's vielleicht die Hustentropfen.

Wegen der Dankbarkeit, sagt Mama.
Aber darf man sich als Mann so einfach vor einer Frau entkleiden? Die Ärztin sagte, eine Untersuchung angezogen sei ungezogen. Ihr würde dann zu viel im Verborgenen bleiben. Und sie wolle ja nicht die Pyjamajacke checken, sondern mich. Sollte sie also ihren Willen haben.

Als ich dann aufrecht im Bett saß, klopfte Doktor Ratz-Fatz mit dem Knöchel an meinen Rücken. Brav sagte ich „Herein!", wie ich es gelernt habe. Aber sie schüttelte nur den Kopf.
„Was soll der Quatsch! Ich klopfe den Rücken ab, damit ich hören kann, ob in den Lungen gleichmäßig viel Luft enthalten ist. Oder ob Du etwa eine Lungenentzündung hast. Das höre ich dann am Klang des Klopfschalls."

Frische Luft schon früh am Morgen, Herz und Lungen sich nicht sorgen.

Und sie verglich. „Es ist wie bei einem Bierfass. Wenn man daran klopft, hört man, ob es leer oder voll ist."
Ich sagte ihr, bei mir sei nichts mit Bier. Wenn sie ein Fass beklopfen möchte, soll sie sich den dicken Opa vornehmen. Frau Doktor lachte. Aber Opa lachte nicht.

Dann holte sie einen ganz altmodischen Kopfhörer mit zwei Schläuchen aus ihrem Koffer hervor. Nichts mit modernem Head-Set. Sie stöpselte die Enden in ihr Ohr und den Knopf legte sie auf meine Brust. „Ich höre dich jetzt ab!"

Halt!
Erwischt!
So nicht!
Jemanden abhören – das ist verboten! Sie ist also vom Geheimdienst und will meine Daten und Taten ausforschen. Eine

freundliche Kommissarin oder feindliche Agentin?

„Um mich abhören zu dürfen, brauchen Sie aber den Beschluss eines richtigen Richters. Das habe ich neulich im Fernsehen gesehen", sagte ich ihr. Doch sie wimmelte meinen Einspruch nur ab. „Ich höre mit diesem Stethoskop – so heißt dieses Schlauch-Ungetüm –, ob deine Lunge gesund ist."
„Atme mal ganz tief ein!"
Ich folgte der Bitte und ging ganz tief in die Hocke, bevor ich einatmete. Das war aber ein Missverständnis, denn ich sollte nicht tief in die Knie gehen, nur einen möglichst tiefen Atemzug machen. Frau Doktor sagte: „So höre ich besser, ob und wie die Luft in deine Lungen strömt."

Ich bin also ein Luftikus?

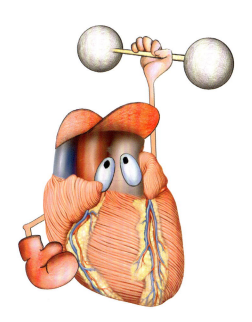

Viel Bewegung, öfters Sport, das Herz, das freut sich immerfort.

Schlagfertig

Sie nahm dann das Stethoskop und setzte es auf meine Brust. „Ich horche jetzt, ob dein Herz richtig schlägt." Wow, das war ja ein Ding. „Also – wenn mein Herz schlägt, schlage ich zurück!", drohte ich der überraschten Ärztin.

Sie erklärte mir, dass das Herz beim Menschen wie eine Pumpe das Blut durch den ganzen Körper bewegt. Wenn das Herz sich zusammenzieht und das Blut in die Adern ausstößt, gibt es einen Ton, wenn es sich wieder füllt, einen zweiten.
Bumm-bamm – bumm-bamm.

Das kann man hören. Und daraus schließt der Arzt, ob das Herz richtig und regelmäßig arbeitet und wie rasch es schlägt. Bei Fieber pocht es nämlich häufiger. Ich war also beruhigt, brauchte ich doch keine

Husten Schnupfen **Heiterkeit**

*Das Abhören, das nutzt hier nix,
mein Herz – vor Angst – sitzt in der Büx.*

Schlägerei mit meinem Herzen anzufangen.
Dann presste Frau Doktor ihre Hand auf meinen Bauch und fragte, ob das weh tut. Frechheit.
Was würde sie wohl sagen, wenn ich ihr so auf den Bauch drücken würde? Das ist unter der Gürtellinie! Boxer werden dafür verwarnt. Ärzte dafür sogar noch bezahlt. Unfair! Sie machte aber weiter.

„Ich taste, ob dein Blinddarm gereizt ist!"
Der Blinddarm nicht, aber ich bin gereizt, dachte ich.

Gut, sie muss ja tasten, denn sehen kann sie ihn wohl nicht. Deswegen heißt der Blinddarm doch Blinddarm.
Ich erklärte aber heldenhaft, dass mir mein Blinddarm nicht zuzwinkert und nur der Schmerz weh tut.

Toiletts go

Schließlich fragte sie mich, ob das mit dem Stuhlgang klappt. Was sie aber auch so alles wissen will.
„Ja", sagte ich, „zum Stuhl kann ich gut gehen, aber ich gehe lieber zum Sessel vor dem Computer."

Die Ärztin erklärte dann aber, sie meinte, ob ich regelmäßig zur Toilette gehen könne und ob der Kot verändert sei. Ich beruhigte sie. Zur Toilette gehe ich allein.
Und der Kot? Bei meinem Computer habe ich den Code seit Monaten nicht verändert.
„Und das Wasserlassen?", fragte sie weiter.
Kein Problem. Das Wasser kann ich gern lassen, ich trinke ohnehin lieber Cola. Aber irgendwie verstand ich die Miss immer miss.

12

Husten Schnupfen **Heiterkeit**

„Ich meine das Wasserlassen auf der Toilette", sagte Frau Doktor. Auch da beruhigte ich sie. Unsere Spülung klappt prima. Die Stirnader der Ärztin schwoll etwas an. Sie sagte in schon etwas energischerem Tonfall: „Ich meine, ob dein Urin beim Pullern verfärbt ist. Ob er irgendwie anders riecht. Ob es beim Pullern weh tut."

Also Stink-Wasser statt Trinkwasser. Wenn sie das wissen will, warum fragt sie dann so verquer? Da studieren die Ärzte so lange, lernen Lateinisch und Englisch und Fachchinesisch und Sonstwiewas – und dann können sie sich nicht einmal richtig verständlich kindisch ausdrücken. Unverständlich ist so etwas! Sie erklärte mir aber, dass bei manchen Erkrankungen der Urin verändert ist. Deshalb müsse sie das wissen, um besser eine Diagnose stellen zu können. Jetzt verstehe ich, wenn Papa vom angeborenen Urinstinkt spricht, er meint dann, dass der Urin stinkt.

„Ist dir übel?", war die nächste Frage. Ich überlegte nicht lange. „Nein, ich finde mich gar nicht so übel, nur meine Nase ist etwas zu groß. Aber sonst sehe ich gar

Was Mama wohl am liebsten hätte, ich mach' die Toi- zur Po-lette.

nicht übel aus, sagt auch Simone aus meiner Klasse." Wieder eine Klatsche. Ich sei ein eitler Fatzke. Mein Aussehen interessiere sie nicht! Sie wollte wissen, ob ich „mich übergeben musste". Niemals! Ich übergebe mich niemandem! Sie meinte aber, ob ich erbrochen hätte, denn das spräche eventuell für eine Magenverstimmung. Was weiß ich, in welcher Stimmung mein Magen ist, aber ich erkannte doch, wie viel ein Arzt erfahren muss, um die Ursache von Beschwerden zu ergründen.

O(h)riginal

Dann holte Frau Doktor eine Art Taschenlampe aus ihrem altertümlichen Koffer und leuchtete mir in das linke Ohr. Richtung rechtes Ohr.

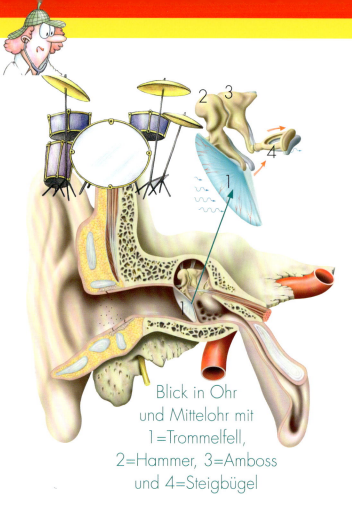

Blick in Ohr und Mittelohr mit 1=Trommelfell, 2=Hammer, 3=Amboss und 4=Steigbügel

Aber: So einfach zu durchschauen bin ich nicht. „Da können Sie nicht durchsehen!", sagte ich. „Da ist etwas dazwischen."

Irgendwie schien ich sie zu nerven, denn ich hörte nur, wie sie vor sich hin murmelte: „Ja, dazwischen ist Stroh!" Interessant. Ich habe also Stroh im Kopf. Onkel Heinz sagt immer, ich hätte lauter Mist und nur Flausen im Kopf. Und Unsinn. Jetzt also auch noch Stroh. Man lernt eben nicht aus – dank der ärztlichen Information.

Die Doktorin war doch so nett und erläuterte mir, dass sie durchaus wisse, dass man nicht in ein Ohr hineinstrahlt und der Lichtschein aus dem anderen Ohr wieder heraustritt. Aber sie wolle das „Trommelfell" beurteilen. Ob das vielleicht entzündet sei. Das wird ja immer schöner. Ein Trommelfell? Ich habe ein Schlagzeug im Ohr? Ich dachte, das sei höchstens eine Flöte, weil es manchmal so piept.

Und Mama sagt auch manchmal, bei mir piepe es. Aber ein Trommelfell? Nun gut, ich weiß inzwischen, dass das ein feines Häutchen ist, das das Mittel- und Innenohr nach außen hin schützt.

Doch zuerst war ich ziemlich überrascht über das musikalische Innenleben in meinem Ohrgang.

Um Kopf und Kragen

Anschließend griff Doktor Ratz-Fatz meinen Kopf und drehte ihn nach allen Seiten. Wollte sie mir den Kopf verdrehen? Sollte ich meinen Kopf verlieren? Dafür war ich doch noch viel zu jung.

Husten Schnupfen **Heiterkeit**

„Den Kopf können Sie nicht abschrauben wie bei meinem Teddy, mein Kopf sitzt fest!", beschwor ich sie. Die Ärztin meinte aber, wenn ich meinen Kopf ohne Schmerzen bewegen kann, schließt das eine Entzündung im Schädelinneren aus. Sie erwähnte dabei den Begriff „Hirnhäute" – oder „Hirn heute". Und was ist mit dem Hirn morgen? Die Medizin birgt doch noch viele Rätsel.

Dann leuchtete sie mit einer Taschenlampe in beide Augen und sagte, ich solle doch mal ein Auge zudrücken. Augenblicklich. Das machte ich natürlich. Man kann ja schon mal ein Auge zudrücken, ich bin ja nicht nachtragend.
Aber sie wollte untersuchen, wie meine Augenpupillen reagieren. Das könne auch für die Diagnose wichtig

Frau Doktor hat wohl dran geglaubt, mein Kopf, der sei nur angeschraubt.

sein. Eine Blickdiagnose wahrscheinlich.

Anschließend – oh Schreck – ging sie mir an den Hals. Mit beiden Händen. Frau Doktor, die Würgerin. Mordversuch!
Was habe ich da doch schon alles im Fernsehen gesehen.

Bevor ich um Hilfe rufen konnte, erläuterte sie mir, dass sie nach Knoten in meinem Hals sucht. Das wird ja immer lustiger. Wie soll ich Knoten in meinen Hals machen? Bin ich Artist? Oder die Angelschnur, die sich ständig verknotet?

Ich konnte ja nicht

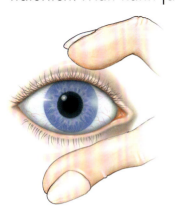

Husten Schnupfen **Heiterkeit**

ahnen, dass sie knotenförmige Schwellungen meinte. So genannte Lymphdrüsen – nicht Dampfdüsen. Diese vergrößern sich manchmal bei Halsentzündungen.

Mündliche Prüfung

Als auch das vorbei war, griff Frau Doktor erneut zur Taschenlampe und sagte mir, ich solle den Mund öffnen. Ganz weit. Meine Eltern sagen mir aber meistens, ich soll endlich einmal den Mund schließen. Und die Klappe halten. Also die Erwachsenen wissen halt nie, was sie eigentlich wollen.
Ich sperrte also den Mund auf und Frau Doktor leuchtete hinein. Suchte sie einen Schatz? Oder den Kaugummi, den ich gestern verschluckt hatte. „Hm, hm", sagte sie, was immer das auch bedeuten sollte.
Dann kam der Gipfel. Ich solle doch die Zunge herausstrecken. Ihr! Ich, der so gut erzogen ist.

Mama hat gesagt, ein anständiger Mensch streckt seine Zunge nie vor anderen heraus. Ich bin unanständig anständig. Ich wehrte mich. Aber sie befahl es mir. Und drückte mit einem Holzscheit (also gut, es

war nur so ein Holzspan!) meine Zunge nach unten.

Ich sollte laut „Aaaaaa" sagen. Das tat ich und sagte gleich darauf „B", denn Papa sagt immer, wer A sagt, muss auch B sagen. Frau Doktor wollte das aber gar nicht. Ich sollte den Quatsch lassen.

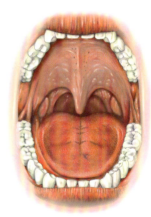

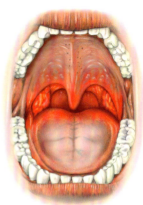

Gesunder Rachen und entzündeter Rachen wie bei der Angina von Angelina.

Nur wenn ich die Zunge herausstrecke und A sage – so erklärte sie mir – dann könne sie meinen Hals von innen sehen.
Ich erschrak.

Der Hals von innen? Von außen hatte ich ihn ja gründlich gewaschen. Vor vier Wochen. Oder sechs. Oder acht. Für diese Heldentat hat sie mich gar nicht gelobt. Aber wie sah er wohl von innen aus?
Sie erklärte mir aber, dass sie bei dieser Untersuchung auf Halsentzündungen achte. Ihr fielen meine gerösteten Mandeln auf.
Geröstete Mandeln – wie zu Weihnachten? Ich schluckte unwillkürlich.
Sie verbesserte mich aber. Sie habe von „geröteten" Mandeln gesprochen, nicht gerösteten. Die seien auch vergrößert. Und sie hätten weiße Beläge als Belege der Erkrankung. Das wäre ein Zeichen für eine Ansteckung mit Viren oder Bakterien. Für eine Erkältung! Die heftige Wärme im Hals spricht für eine Erkältung? Nun gut, sie muss es ja wissen.

Ich hätte eine Angelina, verriet mir dann die Kinderärztin. So ein Quatsch. Angelina sitzt in der Klasse drei Bänke vor mir. Was hat sie in meinem Mund zu suchen? Ich mag sie ja, habe sie aber doch nicht zum Fressen gern. Daher widersprach ich Frau Doktor energisch.
„Nein, Angelina habe ich mit Sicherheit nicht!"
„Angina, heißt diese Krankheit!", belehrte sie mich sichtlich genervt. „Das ist eine Halsentzündung. Und die erklärt auch dein Fieber."

Nie wieder Fieber!

Wieder Fieber – das kannte ich ja. Mama wollte mir sofort ein Zäpfchen verabreichen. Verabreichen, das heißt auf Superhochdeutsch: es mir in den Po zu schieben.

Blödsinn! Wenn ich Halsschmerzen habe, was soll dann das Zäpfchen im Po. Bis das in den Hals gewandert ist, bin ich ja längst wieder fieberfrei.
Frau Doktor dämpfte meinen Protest: „Das Zäpfchen wandert nicht etwa nach oben. Die Wirkstoffe im Zäpfchen werden im Darm aufgenommen und führen dazu, dass der Körper gleichsam den Tempera-

Husten Schnupfen **Heiterkeit**

Ich habe nur Temperatur und hätte lieber Fieber vom Frieren,
denn das spüren die schlimmen Viren.

turregler wieder richtig einstellt. Das Fieber sinkt. Fieber ist nichts anderes als eine höhere Körpertemperatur bei verschiedenartigsten Krankheiten. Eine höhere ‚Betriebstemperatur'. Alle Heizkörper aufgedreht. Vollgas im Leerlauf."

Oma wollte sofort feuchtkalte Wadenwickel machen.
„Schmecken die?", fragte ich.
Doch das sind nur Umschläge an den Beinen, die kühlend wirken und so das Fieber senken.

Sonst schimpfen sie immer mit mir, wenn ich mir im Herbst in den Pfützen die Füße nass mache. Jetzt soll ich das zur Heilung tun. Ein Durcheinander ist das mit den Alten.

Papa sagte, er habe noch ein paar sicher wirkende Fiebertabletten von seiner letzten Grippe, die würde er sofort holen. Tante Inge schlug vor, mir einen Eisbeutel auf die Stirn zu legen. „Aber nur mit Himbeer-Eis", forderte ich. Ich konnte ja nicht ahnen, dass dieser Beutel nur kühlen soll.
Jeder wollte etwas anderes tun, um das Fieber in den Keller zu treiben.

Frau Doktor Ratz-Fatz überstimmte aber den Chor der überschlauen Familie.
„Nein, lassen Sie das alles sein!"
Leichtes Fieber sei nämlich eigentlich nichts Schlimmes, schon gar keine richtige Krankheit. Es ist nur eine Antwort des Körpers auf die Krankheitserreger. Er kämpft mit ihnen. Wie ein Ringer, ein Boxer, ein Samurai. Bei Fieber ist der Körper in Hochform. Er reagiert schneller und besser.

Deshalb ist es falsch, bei einem leichten Fieber sofort einzugreifen.

Anders ist es, wenn das Fieber zu hoch steigt, vielleicht auf mehr als 39° C. Dann kann es sogar Schaden anrichten, auch Krämpfe auslösen. Bei meinen 38,2 Grad ist das nicht zu befürchten. Es nutzt kaum, wenn man zu früh zur fiebersenkenden Medizin greift.

Lieber Fieber als lange krank.

Möglichst viel trinken solle ich, schlug Frau Doktor vor, da ich beim Fieber auch mehr Schweiß verdunste. Aber – vielleicht muss ich mir doch eine andere Ärztin suchen – es dürfe keine Cola sein. Vielleicht hat sie eine Kollegin oder Colagin, die Cola ausdrücklich empfiehlt.

Dem Schnupfen etwas husten

Frau Doktor war aber noch nicht fertig mit mir. Sie sah mich musternd an und meckerte: „Dir fehlt die Prophylaxe!" Was sollte das nun wieder sein? Eine Profil-Achse? Profi-Liga sagt mir etwas, was soll ich mit einer profilierten Achse. Oder was machen fischige Profi-Lachse? Die leidende Ärztin sah mich kopfschüttelnd an: „Prophylaxe heißt so viel wie Vorbeugung. Du musst solchen akuten Infektionen besser vorbeugen." Kein Problem für mich. Ich knickte sogleich in der Lendenregion ein und beugte mich im fast rechten Winkel vor. So weit wie ich konnte. Mein Kopf berührte fast den zerknitterten Arztkoffer der verblüfften Doktorin.

„Bitte, ich kann das doch, dieses Vorbeugen. Und das soll jetzt helfen?" Sie sah aus, als wollte sie verzweifelt in den Knitterkoffer beißen.

„Du hast ja nicht einmal die Spur des Hauchs des Beginns der Vorstufe einer Ahnung!", grollte sie mir. „Vorbeugen heißt doch, dass man im Sommer, rechtzeitig vor der Welle der vielen Atemwegsinfektionen, seinen eigenen Körper trainiert, damit er später mit den Viren besser fertig wird. Man bleibt gesund, auch wenn Ansteckung droht."

Das gefiel mit schon eher. Training ist gut. Da würde ich den grässlichen Viren mit meinem gefürchteten Kinnhaken einen Klitsch-k.o. verpassen oder Sie mit einem Dutzend Kniebeugen vor- und zurückbeugen. Aber natürlich – der besserwisserischen Doktorin war das auch wieder nicht recht.

„Du musst deine körpereigenen Abwehrkräfte stärken. Das erreicht man durch Abhärtung (also auch mal barfuß ins kühle Wasser gehen oder eine kalte Dusche nehmen), durch Bewegung an frischer Luft, Sport, durch ausreichend Obst und Gemüse, auch durch Saunabesuche oder eine Grippeimpfung!"

He, nicht mit mir! Eine Impfung ist doch Irrglaube. Wie will man mit der Spitze einer Spritze, die man in den Arm piekt, ein Virus treffen und aufspießen? So etwas können doch nur Kleinkinder und Doktoren glauben! Nun ja, Frau Doktor erklärte mir dann, dass durch die Grippeimpfung keineswegs Viren aufgespießt werden sollen, sondern der Körper Abwehrstoffe gegen die krankmachenden Erreger bildet. So wird man vorbeugend geschützt. Auch Kinder. Keine Kinder-Grippe in der Kinder-Krippe. Das ist schon eine tolle Sache. Vorbeugen ist besser als heulen. Sagte sie. Oder so ähnlich …

Ich beschloss, das Training aufzunehmen und bald Weltmeister in der Disziplin Vorbeugen mit Steuermann zu werden. Oder wenigstens Profilachs-Hering.

Fiebersteigerer

Dann ging Frau Doktor Ratz-Fatz und ließ mich im Bett. Ich sollte auf das Fieber achten. Übermorgen wolle sie wieder kommen. Sie kam auch.
Die erste Frage. „Wie hoch war das Fieber denn gestern?"
Ich wusste es genau. Ich sagte es auch sofort.
„Es waren genau 74,6 Grad!"
Frau Doktor glaubte es nicht. Ganz eindeutig: Sie zweifelte.
„Spinne nicht herum. Das gibt es nicht. Dann wärst du ja bald gedünstet. Wie hoch war es wirklich?"
„Doch, es stimmt: 74,6 Grad. Bei der ersten Messung vormittags 37,1 Grad, bei

der zweiten Messung nachmittags 37,5 Grad. Das macht insgesamt 74,6!" Spürte sie, wie ich in mich hinein grinste?
Sie machte jedenfalls ein ernstes Gesicht.
„Ganz fürchterlich toll krass schlimm!", bedauerte sie mich – scheinbar.
„Da hilft nur noch eine Spritze. Eine riesengroße. Eine größere als ich hier habe!"
Ich hasse Spritzen. Frau Doktor weiß das.
Trotzdem: „Ich rufe jetzt die Feuerwehr. Sie soll gleich kommen. Mit Tatü-Tata und dem Spritzenwagen. Und mit einer großen Spritze. Gegen Fieber und andere Hitze!
Mir wurde eiskalt. Also ich weiß nicht – ob sie das ernst meinte?
Schließlich bin ich doch kein Sp(r)itzbube!
Nächste Woche soll ich zu Frau Doktor in die Sprechstunde kommen.
Sprech s t u n d e ! Was soll ich nur so lange erzählen. Aber ich gehe hin, ich will ja gesund bleiben. Die Ärztin sagt ja: „Vorbeugen ist besser als heulen."

Medizinal**Rat**

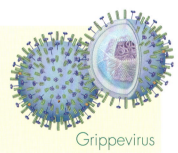
Grippevirus

- Infektionen sind im Kindesalter nichts Ungewöhnliches. Bis zu 12 Infektionen pro Jahr gelten bei Säuglingen und Kleinkindern als normal. Das Abwehrsystem muss im Kindesalter noch reifen.
- Fieber über 39 Grad sollte Anlass für einen Arztbesuch sein.
- Kinder sind keine kleinen Erwachsenen. Um die richtige Dosis eines Medikamentes für Kinder zu ermitteln, genügt es nicht, die Erwachsenendosis einfach zu halbieren. Salben und Cremes wirken bei Kindern viel intensiver, da sie eine dünnere Hornhautschicht haben. Auch dringen Wirkstoffe leichter in das Gehirn ein. Es muss stets der Arzt oder Apotheker befragt werden.
- Bei leichtem Fieber sollten Kindern nicht gleich Fiebertabletten verabreicht werden, da die höhere Körpertemperatur die Abwehr gegen Mikroben erleichtert, weil der gesamte Stoffwechsel angeregt wird. Viren vermehren sich bei höherer Temperatur schlechter.

Husten Schnupfen **Heiterkeit**

Bauchweh
tut auch weh

"Hallo, Amelie, wart ihr in den Ferien verreist?"
"Ja, wir waren im Süden, wo es immer so warm ist!"
"Da hast Du sicher viel gesehen, viele Sehenswürdigkeiten!"
"Was hast du denn vor allem gesehen?"
"Nun ja ..., Toiletten. Etwa 25 verschiedene Toiletten!"

Amelie war aber nicht in Toi-Lettland gewesen. Auch nicht in Po-len. Eher in einem Klo-ster.

"Ich hatte nämlich fast die ganze Zeit Durchfall."
Und Amelie wurde ein wenig rot dabei. Man erzählt ja meist gern vom Urlaub und all den Sehenswürdigkeiten, aber über Probleme mit der Verdauung schweigen die meisten Menschen verschämt.

In vielen Kochshows im Fernsehen und in zahllosen Kochbüchern reden kochkundige Kost-Könner zwar genussvoll über die „Einfuhr" der Nahrung. Doch über das Gegenteil, die „Ausfuhr" schweigt man meistens. Einverstanden – eine Fernsehshow mit Prominenten beim Stuhlgang und Tipps zum

richtigen Drücken wäre vielleicht wirklich nicht so spannend. Die Fernsehserie „Ein Durch-Fall für zwei" würde wahrscheinlich mangels Einfällen als Abfall durchfallen.

Man unterdrückt dieses Thema gern. Aber der Gang zur Toilette gehört halt auch zum Leben. Und kommt es dabei zu Unregelmäßigkeiten, kann das recht unangenehm sein. Abschiet kann wehtun. Und krank machen. Sogar gefährlich sein. Der Darm drin ist dann arm dran.

Ungewöhnliche Fahrt nach Darm-Stadt

Amelie hat das am und im eigenen Leibe verspürt. Aber warum hat ihr Verdauungstrakt nicht auch einfach Urlaub gemacht, anstatt so überfleißig zu sein? Man müsste mehr wissen über den Darm und seine zu fleißige oder zu träge Tätigkeit. Amelie ließ ihrer Fantasie freien Lauf.

Sie stellte sich vor, sie wäre Schülerin auf dem Harry-Potter-Gymnasium für Hexerei und Zauberkunst. Dort machte sie ihr Hexamen. Mit ihrer allerbesten besten Freundin Pippi Kniestrumpf hatte sie einen Ein- und Durchfall. Sie wollten mit ihrer Zauberkraft eine h-extreme Reise wagen. Eine Fahrt auf dem Verdauungskanal durch den menschlichen Körper.
Von G-Munden über Darmstadt durch Kotbus bis nach Po-len. Dabei würden sie sicher mehr erfahren, warum der Bauch manchmal so schmerzhaft ist und man mit dem Darm durch dick und dünn gehen kann.

Amelie träumte sich in diese Idee hinein. Sie würden Herrn Doktor Gastro mitnehmen. Natürlich auch als verzauberten Winzling. Der ist Dickdarmatologe und weiß immer so viel darüber, wie es ist, wenn man isst. Der kennt sich sicher im Darm aus.

Sie würden ganz, ganz klein werden. Nicht größer als eine Erbse. Und dann würden sie in ein winziges Gefährt einsteigen, in ein Raketen-Flug-Renn-U-Boot-Playmobil. Mit diesem speziellen Fahrzeug könnten sie – so Amelies Traum – durch den ganzen Verdauungskanal fahren und fliegen und schwimmen und gleiten und rutschen.

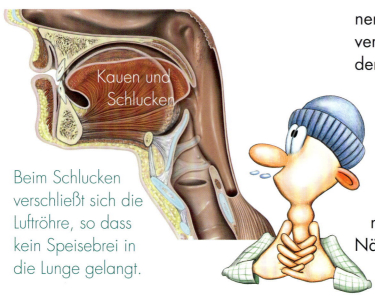

Beim Schlucken verschließt sich die Luftröhre, so dass kein Speisebrei in die Lunge gelangt.

Kau-Boy und Kau-Girls

Der Startplatz wäre der Mund. Das Wunderfahrzeug würde gut hineinpassen, denn Mama sagt ja sowieso immer, Amelie hätte eine große Klappe! Aber sie haben sich ja ohnehin mit ihrem Zaubertrick ganz winzig klein gemacht.
„Pass auf", sagte Amelie zu Pippi, „dass du nicht zwischen die Zähne kommst. Sie könnten dich einfach zermahlen, so wie sie es mit den Nahrungsmitteln tun, die wir essen."
Die Verdauung fängt nämlich schon im Munde an. Dort wird das Essen zerkleinert, damit es im Magen und Darm besser verdaut werden kann. Wer schlecht kaut, der schlecht verdaut. Die großen Nahrungsbrocken können den Magen reizen und erschweren die Nahrungsaufbereitung durch die Verdauungssäfte. Also sind gute und gepflegte Zähne wichtig.

Wat ick meene: Keene Zähne sind nicht scheene. Und Kauen kostet etwas. Nämlich Zeit. Man sollte die Nahrung etwa 30-mal kauen, bevor man sie hinunterschluckt. Ja, das weiß ich: Kräftig beiß ich, kaue fleißig, zähl bis dreißig – nur beim Eis nicht!

Das gute Kauen ist auch deshalb wichtig, da bereits im Mund der Speichel, die Spucke, schon

Nahrungstransport durch Muskelbewegung der Speiseröhre.

mit der Verdauung anfängt. Verdaut wird nicht erst im Magen. Nahrungsbestandteile im Brot, Kuchen, in Kartoffeln, Chips u.a., man nennt diese Stoffe Kohlenhydrate, werden umgewandelt in Zucker. Das kann man testen. Wer ein Stück trockenes Brot sehr lange kaut und im Mund behält, der spürt, dass es allmählich süß schmeckt. Die Mundhöhle ist also kein Spukschloss, aber ein Spuckschloss.

„Kohlen-Hydrate heißen sie wohl, weil sie wie Kohlen im Kessel den Körper anheizen?"

„So einfach ist das zwar nicht, aber das Beispiel stimmt schon: Die Kohlenhydrate sind der Brennstoff für die verschiedensten Körperfunktionen", belehrte der verkleinerte Dr. Fidel Gastro, der Diplom-Kauboy, die armen Schluckerinnen.

Hab den Magen voll geladen ...

Die Abenteuerfahrt ging weiter. Sie rasten tief hinab durch einen engen Kanal. Sie mussten aufpassen, dass sie an einer Gabelung, vor dem Kehlkopf, die richtige Strecke wählten. Wären sie in die Luftröhre gelangt, hätte ihnen ihr Gast etwas gehustet. Er hätte sich „verschluckt". Sie waren aber auf dem richtigen Wege, der Ess-Bahn. „Das ist die Speiseröhre!", röhrte Dr. Gastro. An einer Stelle war das Ufer tiefrot verfärbt. Wie eine Feuerwand

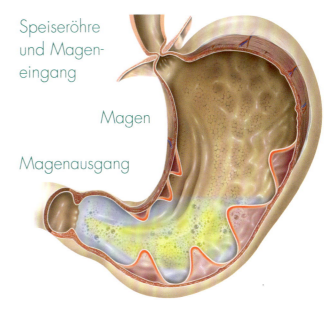

Speiseröhre und Mageneingang

Magen

Magenausgang

Rhythmische Bewegung der Magenwand.

sah das aus. „Au!", sagte ihr Magen-Darm-Reiseführer. „Das tut weh! Das ist ein Sodbrennen. So nennt man eine schmerzhafte Entzündung der Speiseröhre, wenn Magensaft die Wand reizt!" Na, das waren ja reizende Aussichten. Es ist eine

Einbahnstraße. Das betonte der Experte. „Wenn wir rückwärts fahren würden, käme es zum Erbrechen!" Das wäre ja speiübel. Da kam ihnen eine Gaswolke, eine Windbö entgegen. Sie strömte mundwärts. Und es gluckerte und donnerte dabei. „Unanständig! Das ist ein Rülpser! Da hat

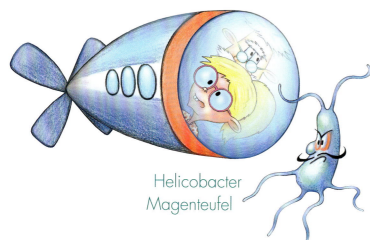

Helicobacter Magenteufel

unser Gastgeber als Gas-Geber zu viel Luft mit dem Essen geschluckt, diese sucht nun wieder das Freie – hörbar", erfuhren die beiden Darmpiraten.

Es ging rasch weiter abwärts.

Dann stoppte ihr kleines Wunderboot. „Festhalten!", hörten sie. „Wir stehen vor dem Mageneingang. Kurzer Stau!" Bald öffnete sich die Schleuse und sie stürzten in den Magen hinein.

Amelie staunte. Was sie in ihrem Wunderschiff so alles ge-booten bekam. Der Magen glich einem großen See, in dem zahlreiche kleine Inseln oder Treibgut schwammen.

Die beiden Abenteuerinnen ahnten es: Das war der Magensaft – und darin lagen Brocken noch unverdauter Nahrung. Da war der Döner-Berg, die Fritten-Bohle, der Ketschup-Klecks, die Eisscholle – sie erkannten alles wieder. Das winzige Wunderboot wurde hin und her geschleudert. Sie erkannten auch den Grund für diese Unruhe. Der Magen war in Bewegung. Wie bei einem Erdbeben. Die Magenwände zogen sich immer wieder zusammen und verursachten so eine gefährliche Strömung. Nur nicht aus dem Boot fallen! Jetzt galt höchste Vorsicht. Die Flüssigkeit im Magen war nämlich kein Meerwasser und nicht mehr Wasser. Es war Säure. Magensäure. Sehr aggressive Salzsäure. In diesem Magensee werden Bakterien abgetötet und die Nahrungsmittel zum Teil aufgespalten, also chemisch zerkleinert.

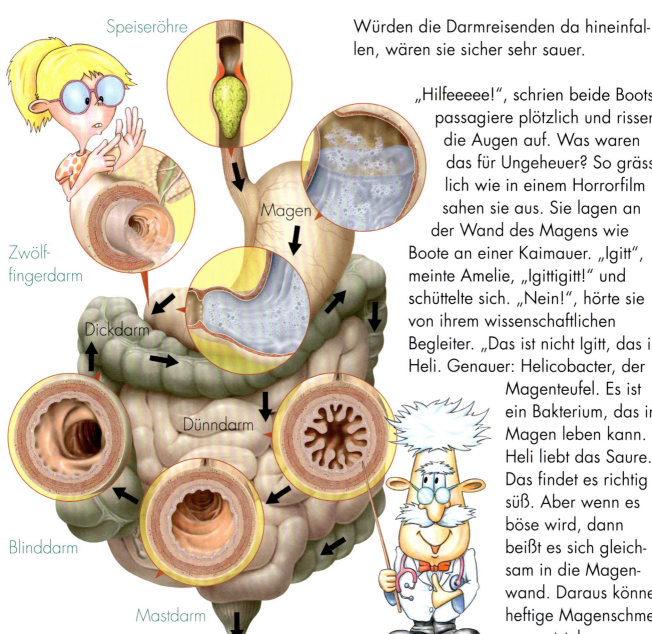

Würden die Darmreisenden da hineinfallen, wären sie sicher sehr sauer.

„Hilfeeeee!", schrien beide Bootspassagiere plötzlich und rissen die Augen auf. Was waren das für Ungeheuer? So grässlich wie in einem Horrorfilm sahen sie aus. Sie lagen an der Wand des Magens wie Boote an einer Kaimauer. „Igitt", meinte Amelie, „Igittigitt!" und schüttelte sich. „Nein!", hörte sie von ihrem wissenschaftlichen Begleiter. „Das ist nicht Igitt, das ist Heli. Genauer: Helicobacter, der Magenteufel. Es ist ein Bakterium, das im Magen leben kann. Heli liebt das Saure. Das findet es richtig süß. Aber wenn es böse wird, dann beißt es sich gleichsam in die Magenwand. Daraus können heftige Magenschmerzen entstehen, sogar

ein Loch in der inneren Magenwand. Es ist ähnlich, als wenn von der Hauswand ein Stück Putz herausbricht. Das ist dann ein Magengeschwür."

Die beiden verstanden das. Onkel Horst hatte einmal ein Magengeschwür gehabt. Schmerzen über Schmerzen beim Essen. Aber dass daran solche Biester schuld waren, das wussten sie bisher nicht. Auch die Ärzte wussten das lange Zeit nicht und operierten dann den beschädigten Magen. Nur schnell weg!

Engpass ohne Pass

Sechs Stunden verbrachten sie so im unheimlichen Magen-Meer. Dann standen sie vor einer Schleuse. Es war eine Art Zollstation. Der Pförtner! „Unbedingt warten, öffnet automatisch!" stand da. Man kam also nicht so einfach aus dem sauren Magensee hinaus. Der Pförtner pförtnerte und ließ erst nach einer Wartezeit schubweise Mageninhalt in den Darm. Unsere Bootsleute wären mächtig sauer geworden, wenn sie es nicht schon durch die Magensäure gewesen wären. „Das ist der Magenausgang", erfuhren sie. Ein kräftiger Muskelring, der den Magenausgang verschließt. „Pylorus" nennt man ihn auch. „Das wäre ja ein schöner Vorname für einen Jungen", dachten die beiden Mädchen. Und schon waren sie durch diesen Pylorus hindurchgeschleudert worden. Endlich ins Freie?

Nein, die Reise war noch nicht zu Ende. Sie stand sogar erst am Anfang. Die längste Strecke lag noch vor ihnen. Vom Magen geriet ihr Tauch-Schwimm-Gleit-Fahrzeug nämlich direkt in den Darm. Sie sahen das Verkehrsschild: „Zwölffingerdarm! Wenden verboten! Gefahr des Erbrechens!" Ein Zurück gab es nicht mehr.

Reichlich därmlich

Aber dann gelangten sie doch in den weiten Zwölffinger-Darm. Ein komischer Name, stimmt`s? Sie suchten nach den Fingern, fanden aber keine. Vielleicht stecken die in speziellen Zwölffingerdarm-Handschuhen? Oder sie sind zur Zwölffinger-Faust geballt? Oder der schusselige Darm hat seine eigenen zwölf Finger einfach verdaut? Doktor Gastro besserwisserte wieder. „Der heißt so, weil er so lang

ist, wie zwölf Finger breit sind". Wie unromantisch!
Aber das war eine ganz gefährliche Strecke. Es strömten nämlich zwei kräftige Flüsse in den Darm. Jedenfalls sah es so aus, als wären es Flüsse. Aber der Gastro-Doc klärte die trübe Flüssigkeit wieder auf. „Der eine Strom ist die Mündung des Gallengangs, der andere bringt die Verdauungssäfte von der Bauchspeicheldrüse."

Galle? (G)alle Jahre wieder?

Ganz grün war dieser Fluss. Was die beiden Abenteurer noch nicht wussten: Der Gallensaft wird in der Leber – einer großen Drüse – gebildet und dient im Darm dazu, dass das Fett aus der Nahrung verdaut werden kann. Und aus der Bauchspeicheldrüse kommt eine Mischung, die wie ein Schredder oder Fleischwolf die anderen Nahrungsbestandteile chemisch zerkleinert und in ihre Bausteine zerlegt.

Die Aufspaltung der Nahrungsbestandteile erfolgt also nicht mit Beil oder Keil, sondern mit besonderen chemischen Wirkstoffen aus Drüsen, so genannten Enzymen. Sie spalten beispielsweise den Zucker oder die Bockwurst in ihre chemischen Bausteine auf, die dann vom Körper aufgenommen und verwertet werden können. Sonst ginge das nicht – und die Nahrung würde unverändert wieder ausgeschieden werden.

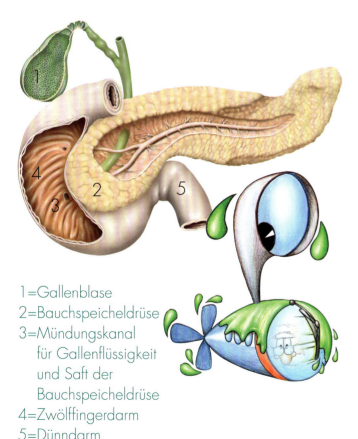

1=Gallenblase
2=Bauchspeicheldrüse
3=Mündungskanal für Gallenflüssigkeit und Saft der Bauchspeicheldrüse
4=Zwölffingerdarm
5=Dünndarm

Wird der Gallenfluss oder der Bauchspeichelkanal verstopft, beispielsweise durch einen Gallenstein oder Ähnliches, entstehen sehr, sehr starke Schmerzen, so genannte Koliken. „Versucht daher, mit unserem Boot die Mündung nicht zu verschließen", bat Doktor Gastro. Die Kolikschmerzen zählen nämlich zu den schlimmsten Schmerzen überhaupt. Und wenn die Galle nicht abfließen kann, wird die Haut ganz gelb. Eine Gelbsucht kann so entstehen. Und gelb ist in dieser Saison doch keine Modefarbe!

Durch dünn und dick

Die Fahrt ging rasch weiter. Jetzt kam die längste Strecke ihrer ungewöhnlichen Tour. Das war der Dünndarm, der bis zum Dickdarm führt.

Interessant: Auch Dünne haben einen Dickdarm und Dicke einen Dünndarm.

Der Dünndarm war eine sehr kurvenreiche Strecke. Immer wieder mussten sie neue Windungen passieren. Und die Wände waren nicht stabil. Sie bewegten sich, zogen sich zusammen, schoben das Boot voran. Der Nahrungsbrei umgab die Forschungsreisenden dabei.

Und da: Millionen von Bakterien arbeiteten an der Nahrung. Sie machten auch aus den Nahrungsbestandteilen winzige Brocken. Dabei entstanden auch Gase, wie im Ofen der Rauch beim Heizen. Aber es gab im Darm ja keinen Schornstein. Die Gase blieben im Dünndarm – und manchmal gluckerte es ganz laut. „Magenknurren!", diagnostizierte Doktor Gastro. Es kommt nicht vom hungrigen, leeren Magen, sondern

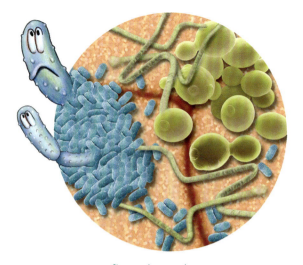

Die Darmflora besteht aus winzigen Mikroorganismen, diese schützen den Darm und helfen der Verdauung.

von den Bewegungen des Darmes. Es besteht also keinen Grund, dass einem das Knurren peinlich ist, wenn andere es hören. Es muss ja nicht gerade in der Musikstunde sein.

Auch manche anderen Gase bilden sich und – man muss es auch erwähnen – verlassen mitunter wie die Autoabgase auf dem natürlichen Wege den Darm. Durch den menschlichen „Auspuff". Oft beleidigen sie die Nase und stören die Ohren. Aber auch das sind natürliche Vorgänge. Wenn es einem passiert, dann kann man halt sagen: „Pardon – ich bin gerade in der Pub-ertät!"

Verzottelt

Amelie staunte über die Wand des Dünndarms. Er war voller Zotten, wie das Fell eines Pudels oder ihres schönen Rauhaarpullovers. Hat hier jemand nicht richtig sauber gemacht? Doktor Gastro wusste aber: „Durch diese vielen Zotten wird die aufgespaltene Nahrung und Flüssigkeit durch die Darmwand in den Körper aufgenommen, gleichsam aufgesaugt und dort verwertet, als Energiespender beispielsweise." Der Dünndarm ist praktisch der innere Shop, der dem Körper liefert, was er braucht – wenn das Richtige mit der Nahrung zugeführt wurde.

Das Miniboot der beiden raste weiter. Eine richtige Ess-Bahn! „Wir sind hoffentlich nicht zu schnell", meinte Amelie. Sonst könnte es zu Bauchschmerzen und Durchfall kommen.

Es stimmt: Wenn die Nahrung zu rasch durch den Darm wandert, entsteht Durchfall. Verbleibt sie zu lange in diesem Kanalsystem, folgt eine Verstopfung. Beides macht Probleme und man ist d-arm dran.

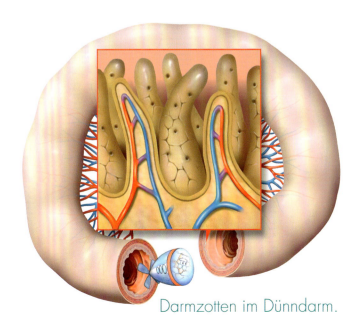

Darmzotten im Dünndarm.

Nach einigen Stunden kamen sie dann wieder an eine Kontrollstelle. Eine Art Kreuzung. Eine Hauptstraße und eine kleine Nebenstraße mündeten hier.
„Ich kann gar nichts sehen!", klagte Amelie. Der Doktor: „Kein Wunder, das ist der Blinddarm!".
Amelie erschrak. Mama hatte immer Angst, wenn sie über Bauchschmerzen klagte, dass es der Blinddarm sein könnte, der sich entzündet hatte.
„Links halten!", rief Doktor Gastro, „sonst landen wir im Wurmfortsatz, und dann müssen wir womöglich herausoperiert werden." Denn der Wurmfortsatz des Blinddarms ist der Bösewicht, der bei Kindern oft Schmerzen verursachen und sich sogar bedrohlich entzünden und vereitern kann. Amelie schauderte es bei dem Gedanken. Bitte weiter ohne Eiter. Sie wollten schnell in den eigentlichen Blinddarm, den Beginn des Dickdarms, hineingleiten. Und das gelang ohne Probleme.

Endstation

Die letzte Etappe dieser seltsamen Reise brach an. Erst ging es steil nach oben, dann waagerecht, dann wieder steil abwärts. Der Dickdarm ist wesentlich kürzer als der Dünndarm. Amelie nahm daher an, dass sie ihn schnell durchschiffen könnten. Aber Irrtum. Der Kanal war zwar breit und geräumig, aber es ging nur sehr langsam voran. Im Dickdarm werden dem dünnflüssigen Verdauungsbrei vor allem Flüssigkeit und weitere Nahrungsbestandteile entzogen. Das dauert! Es kommt dicke. Der Stuhl (so nennt man den Rest des verdauten Nahrungsmittelbreis im Darm) wird fester, eingedickt, breiartig. Das Wunderboot kam nur langsam voran. Amelie konnte die gewölbten, ausgebuchteten Darmwände ausführlich betrachten. Das also war das Ende der Reise.

Mündung des Dünndarms in den Dickdarm, „Sackgasse" Blinddarm mit Wurmfortsatz.

Das Miniboot stand schließlich wieder vor einer verschlossenen Pforte. „Wir sind am After", sagte Doktor Gastro. Es gibt ja eine ganze Menge wenig anständiger Ausdrücke für das Ende des Darmes. Der Doktor vermied sie bewusst. Aber Amelie wusste, dass es nun wirklich bald aus dem Verdauungstrakt nach draußen ginge. Ihr wurde doch etwas angst. Was folgte jetzt? Wenn sich genügend Stuhl angesammelt hatte, dann herrschte Druck. Hochdruck. Stuhldrang. Der Weg zur Toilette sollte nicht zu weit sein.

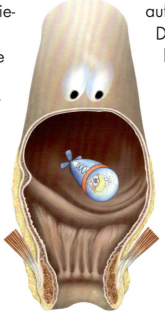

Endstation der Reise: Mastdarm mit After.

Traumschiff

Aber was würde jetzt aus ihrem Wunderschiffchen werden? Die Toilette ist ja ein Spülplatz. Würden sie jetzt mit dem Stuhl in die Kanalisation gespült und auf den stinkenden Rieselfeldern oder in großen Türmen landen?

Ein kräftiges Rütteln schüttelte sie durch. Sie schrie vor Angst auf. War sie schon auf dem Weg zu den Rieselfeldern? Das Rütteln nahm zu. Und dann hörte sie die Stimme ihrer Mutter, die sie wachrüttelte. „Amelie, aufwachen! Die Schule wartet, du hast verschlafen. Beeile dich, du musst ja noch zur Toilette …"

Amelie machte große Augen.

„Du hast wohl etwas Aufregendes geträumt?", fragte ihre Mutter.

Amelie war erleichtert. Ihr Minischiff, die lange Darm-Reise mit Doktor Gastro, es war nur ein Traum gewesen. Aber ein sehr lehrreicher.

Sie musste die traumhaften Erlebnisse mit der Verdauung erst einmal verdauen. Eines war Amelie aber klar: Sie wollte in Zukunft viel bewusster essen, gesunde Kost bevorzugen, immer gut kauen, regelmäßig zur Toilette gehen und ihren Darm schonen.

Etwas hatte sie gelernt:
Verdauen ist gut, Kontrolle ist besser.

MedizinalRat

- Der Magen eines Erwachsenen kann bis zwei Liter fassen; bis zu zwei Liter Magensaft werden täglich produziert.
- Die Gesamtlänge des Dünndarms beträgt beim Erwachsenen vier bis fünf Meter, der Dickdarm ist anderthalb Meter lang.
- Im Darm werden etwa 80 Prozent der Flüssigkeit einschließlich der Nährstoffe aufgenommen.
- Bauchschmerzen mit Durchfall werden am häufigsten durch spezielle Viren oder Bakterien ausgelöst. Zumeist werden sie über infizierte Nahrungsmittel, unsauberes Wasser oder durch Schmierinfektionen (ungewaschene Hände) verbreitet.
- Nahrungsmittelunverträglichkeiten, z.B. gegen Milchzucker, Gluten, Meeresfrüchte und vieles andere äußern sich in der Regel als Durchfälle kurz nach Kontakt mit diesen Nahrungsbestandteilen.
- Durchfälle von zwei bis drei Tagen Dauer sind auch bei Kindern nicht gefährlich, wenn nicht andere Symptome wie Blut im Stuhl, Fieber u.Ä. hinzukommen.
- Cola ist – entgegen der häufig vertretenen Ansicht – nicht das ideale Mittel für Kinder mit Durchfall. Das Koffein muntert zwar auf, aber der sehr hohe Zuckergehalt kann die Symptome noch verschlimmern.
- Es ist keineswegs krankhaft, wenn man nicht an jedem Tag Stuhlgang hat.
- Ohnmächtigen darf man nie Flüssigkeit einflößen!

Da der Schluckreflex fehlt, würde die Flüssigkeit in die Lunge gelangen und könnte zum Ersticken führen.

Schneewittchen
und Tee-Schnittchen

Man soll nicht alles glauben. Nicht alles, was man gelesen hat, was man hörte, was einem die Erwachsenen so erzählen. Aber manchmal sind die Erfahrungen anderer doch recht nützlich. Das meinte jedenfalls Jenny.

Die Story vom schönen armen Schneewittchen kennt ja wohl jedes Kind. Ein kleines Mädchen lockte alle Verwandten oder unverwandten Tanten mit lockigen Locken. Sie hatte Haar, so weiß wie Schnee, und Hände, so schwarz wie Ebenholz – oder so ähnlich war es doch. Ihren Spiegel fragte sie jeden Morgen: „Spieglein, Spieglein im Badezimmer, welches Mädchen ist noch schlimmer?" Und der Spiegel war klug genug zu schweigen und seine Meinung hinter den sieben Bergen zu verbergen.

Jenny kannte natürlich diesen alten Krimi, in welchem das bitterböse Stiefmütterchen die zuckersüße Ex-Prinzessin trickreich ausschalten wollte. Schneewittchen kam damals ja ins Zwergenland, so nannte man wohl die königlichen Kitas seinerzeit.

*Vieles gab's,
was Jenny zu verbergen fand,
doch Märchen aus dem Zwergenland
taugten nicht fürs wahre Leben.
Schade – doch so war's eben.*

Husten Schnupfen **Heiterkeit**

„Spieglein, Spieglein, schweig nun still – ich mache doch, was ich tun will!"

Dort fragten die überraschend heimgesuchten Zwerge: „Wer hat in meinem Tellerchen geschlafen? Wer hat in meinem Bettchen getrunken?" Oder so ähnlich. Und dann tauchte dort die neidische böse Stief-Hexe auf und bedrohte das liebe Kind. Natürlich nur im Märchen.

Ausgetrickst

Jenny war aber ein kluges Kind. Doch, doch, das soll es geben. Manchmal, irgendwo. Angeblich. Sie nahm sich die schlimmen Erfahrungen von Schneewittchen sehr zu Herzen. Ihr sollte eine zauberhafte verkleidete Frau nichts antun können. Auch dann nicht, wenn sie so tat, als sei sie Mama. Jenny durchschaute das Spiel. Sie kannte ja Schneewittchen und deren höchst gefährliche Abenteuer.

Da war zunächst die erste Bedrohung mit dem engen, viel zu engen Gürtel. Schneewittchen musste ihn ja auf Drängen der unheimlichen Besucherin anziehen. Bekanntlich ließ der das atemlose Schneewittchen in Ohnmacht fallen, weil er zu eng oder zu uncool war.

Jenny hat das nicht vergessen. Standhaft weigerte sie sich jeden Morgen, das anzuziehen, was Mama möchte. Den warmen Pullover beispielsweise. Oder die gefütterten Schuhe (sie hatte sie nur einmal mit Schoko-Riegeln gefüttert, aber Schokolade mochten sie wohl nicht). Auch die doofe Mütze – die wollene, die sie aber nicht wollend ablehnte. Ganz stur. Kein Kleid, denn da könnte ja jemand einen Gürtel darum schnüren. Und wozu das führen könnte, das zeigte das Beispiel Schneewittchen deutlich. Also gab es jeden Morgen Krach und Protest im Hause Jenny. Die dann mit ihrem Dickkopf doch im tiefsten Winter mit hellblauem T-Shirt, grellrotem Rock und grünen Kniestrümpfen über gelben Strumpfhosen in Sandalen und ohne Mütze, aber mit entnervtem Papa in die Kita ging. Gewarnt durch Schneewittchens Schicksal.

Pfui statt Hui

Und dann gab es doch den Zwischenfall mit dem Kamm. Als Kamm-eradin Schneewittchen den benutzte, fiel sie gleich mächtig in Ohnmacht. Daher weigerte sich Jenny trotzig, sich morgens kämmen zu lassen. Denn wer weiß: Vielleicht war auch die Zahnbürste vergiftet! Oder der Waschlappen. Jenny wurde zum Kämm-Putz-Wasch-Muffel, eine Lehre aus Schneewittchens Schicksal.

Verfüttert

Noch klarer war der dritte Fall. Die böse Stiefhexe im Märchen hatte dem hübschen Schneewittchen bekanntlich einen Apfel zum Essen gegeben. Die Folgen? Ihr erinnert euch doch: Schneewittchen fiel wie tot um. Sofort. Hilflos. Vergiftet. Was nutzte dann der schöne gläserne Sarg. So als Tote lebt es sich nicht gut. Jenny war klar: So etwas konnte und durfte ihr nicht passieren. Sie würde aufpassen. Daher lehnte sie es mit aller Kraft ab, ausreichend Obst oder Gemüse zu essen. Kein Apfel kam über ihre Lippen. Gegen Möhren muss man sich wehren. Und Kohl macht unwohl. Salat ist fad. Sie fand viele Ausreden, wenn man ihr gesundes Essen einreden wollte. Schneewittchen hatte ja erlebt, wozu das führen kann. Und was vom Apfel eventuell abfällt. Ihre Meinung: Cola statt Tee, Pommes statt Häppchen, Fritten statt Schnitten. Bei Schneewittchen wurden Tee-Schnittchen ja zu Weh-Schnittchen.

Kluge Kinder
zieh'n sich warm an,
die Kälte kommt auch
an den Darm ran,
und wenn kalte Winde pusten,
droht dem coolen Kinde Husten.

„Roh macht nicht froh!", meinte das Mädchen. Jenny schätzte dagegen nahrhafte Vertreter vieler schöner Städte. So bevorzugte sie eben pappige Hamburger, warme Wiener, Frankfurter, Eberswalder oder süß gefüllte Berliner. Mit denen hat sie sich dicke angefreundet. Sehr dicke sogar. Sie war bald so breit wie lang. Sie aß und saß und saß und aß. Geh' nicht macht Gewicht. Oma nannte sie schon „Tönnchen". Die sieben Zwerge hätten ganz schön zu schleppen gehabt, müssten sie sie – wie einst Schneewittchen – davontragen. Und Jenny wusste doch auch aus dem Märchen: Zum Schluss bekam Schneewittchen noch ihren Ritter Sport und ein Ferrero-Küsschen.

Kostbare Rohkost-Bar

Schneewittchen landete im Glassarg. Da hatte sie endlich den Durchblick. Jenny hingegen kam ins Krankenhaus. Sie hatte sich angesteckt. Keine Abwehrkraft gegen krankmachende Keime. Sie schnaufte beim Gehen wie eine alte Dampflok. Beim Treppensteigen wurde sie sogar von lahmen Schnecken überholt. Sie begann schon zu schwitzen, wenn sie nur an Bewegung dachte. Bücher konnte sie kaum noch halten. Auch keine Märchenbücher.

Ich weiß nicht, ob sie im Krankenhaus eine Gegen-Schneewittchen-Unfall-Impfung bekam oder der Doktor Prinz andere Zwergzeuge einsetzte. Jedenfalls änderte sie ihr Verhalten grundsätzlich.

Sie lebte fortan gesund: Sie aß vernünftig, kleidete sich richtig, pflegte sich und bewegte sich viel an frischer Luft.

Auch wenn du Fritten und Cola lobst: Besser bekommt dir rohes Obst.

Mit Nahrungsmitteln, so wie diesen, vermeidest Husten du und Niesen. Gemüse, Obst und frische Säfte steigern deine Abwehrkräfte.

MedizinalRat

- Falsche Ernährung und Übergewicht im Kindesalter stellen große Risikofaktoren für die spätere Gesundheit dar. Aus dicken Kindern werden meist dicke Erwachsene, wenn man nicht gegensteuert.
- Die Neigung zu Übergewicht wird zu 75 Prozent vererbt, 25 Prozent sind aber durch Lebensweise und Umwelt bedingt.
- Bewegungsmangel (zu viel Fernsehen und Computerspiele) fördert Übergewicht bei Kindern und führt zu psychischen Problemen.

Warum soll man Obst und Gemüse essen?
Weil darin sehr wichtige Bestandteile enthalten sind (wie Vitamine und Mineralstoffe), die der Körper unbedingt braucht, um gesund zu bleiben.
Warum sind Coca-Cola und andere süße Limonaden ungesund?
Weil sie viel zu viel Zucker enthält, mehr als der Körper braucht. Daraus wird dann Fett.
Warum soll man sich bei Kälte warm anziehen?
Weil Unterkühlung das Eindringen von krankmachenden Erregern erleichtert.
Warum soll man sich viel bewegen?
Weil Bewegung die Muskeln und alle Körperorgane trainiert und widerstandsfähiger macht.
Warum soll ich nicht zu viel Süßes essen?
Weil es den Zähnen schadet und der Körper zu viel Zucker nicht verarbeiten kann.
Warum muss man sich die Hände waschen?
Weil ungewaschene Hände leicht Bakterien übertragen können.
Warum soll ich in der Schule gut lernen?
Damit du diese Geschichte lesen kannst.

Husten Schnupfen **Heiterkeit**

Das süße Leben!

„Betty aus meiner Klasse finde ich ganz süß", gestand Heiko seiner Mutter beim Einkauf am Nachmittag. Die runzelte ihre Stirn, als hätte sie gerade Winterreifen im Gesicht aufgezogen. Heiko wollte sein Geständnis schon bereuen, als seine Mutter ihn ganz groß ansah und sagte: „Das stimmt, Heiko, Betty ist wirklich süß. Sehr süß. Zu süß sogar. Sie ist nämlich zuckerkrank."

Heiko verschlug es die Sprache, und er wollte schon sauer werden, weil seine Mama so betonte, dass Betty wirklich süß sei. Aber krank? Heiko sah seine Mutter ungläubig an. Wieso soll man krank sein, wenn man so niedlich ist, und eine solch hübsche Stupsnase hat, und immer so viel lacht, und den Pferdeschwanz beim Rennen fliegen lässt, und sich immer meldet und nie petzt, und so megacool erscheint, und überhaupt klasse ist. Mama hat

Keine ist so netti
wie die süße Diabetty.

Heiko versteht es:
prima geht es trotz Diabetes!

bestimmt wieder einen ihrer dummen Späße gemacht. Oder sie ist eifersüchtig, was immer das auch bedeuten mag. Heiko schmollte: „Und doch ist Betty süß!"

Heikos Mama zog ihn auf eine Parkbank und sagte: „Ja, das weiß ich. Aber ich muss dir wohl erklären, warum ich sage, dass Betty eine Krankheit hat, die man ihr nicht ansieht, eben die Zuckerkrankheit."

Zuckerkrankheit? Nie gehört!

Heiko bekam richtig Angst. Sein Schwarm sollte krank sein? Das ist doch sicher nur ein Gerücht, das sich die Erwachsenen heimlich erzählen. Und seine Mama fiel darauf herein!
Aber Heikos Neugier war geweckt – und er interessierte sich für Betty und somit auch für die seltsame Krankheit mit dem schönen Namen: Zuckerkrankheit! Gibt es vielleicht auch eine Schokoladenkrankheit? Oder eine Gemischtes-Eis-mit-Früchten-Krankheit?

Nein! Es war wohl Zeit, dass Heikos Mutter etwas mehr darüber erzählte.

Zuckerkrank, das kann sauer sein!

Heiko lauschte gespannt, was seine Mama erzählte. Er wollte ja alles ganz genau verstehen. Schließlich ging es um Betty. Heikos Mama erklärte: „Du weißt ja, dass wir mit dem Auto immer wieder tanken müssen, damit Benzin im Motor verbrannt werden kann und so das Auto angetrieben wird.

gesunde Bauchspeicheldrüse

Bauchspeicheldrüse bei Diabetes

Immer fleißig wie die Bienchen, Zucker naschende Insulinchen.

Gesund oder zuckerkrank – wie wirkt Insulin in unserem Körper?

Oder in unserem Kaminofen müssen wir immer wieder Holz nachlegen, damit es angenehm warm wird.
Das Holz verbrennt, und Wärme entsteht.
Das Benzin verbrennt, und Kraft für die Bewegung des Autos entsteht.
Ähnliches passiert auch in unserem Körper."

Heiko spürte schon einen leichten Würgereiz.

„Gut, wir kauen kein Holz und schlucken kein Benzin – eher Limonade mit Himbeergeschmack. Aber all das, was wir essen und trinken, wird auch im menschlichen Körper umgewandelt, gleichsam verbrannt – wenn auch ohne Flamme. So entsteht die Kraft, die wir und unsere Muskeln brauchen. Ohne diese Energie könnten wir uns nicht bewegen, nicht denken, nicht wachsen, nicht essen, nicht sprechen – gar nichts. Für alle diese Tätigkeiten braucht der Körper Energie, so wie der Ofen das Holz und das Auto Benzin."

Heiko zweifelte: „Aber wenn es weder Holz noch Benzin ist, was liefert den Muskeln denn dann die Kraft?"

Seine Mama freute sich, dass Heiko so gut mitdachte, daher konnte sie fortfahren.
„Das ist die wichtigste Frage! Es ist nämlich ein bestimmter Zucker, der gleichsam unseren inneren Motor antreibt. Zucker,

Grad so fleißig wie die Bienchen
schleppen hier die Insulinchen
den Zucker an das richtige Ziel –
mal ganz wenig,
mal ganz viel.

Macht die
Bauchspeicheldrüse schlapp
und Insulinchen werden knapp
oder schaffen keinen Ruck mehr:
dann steigt der Zucker!

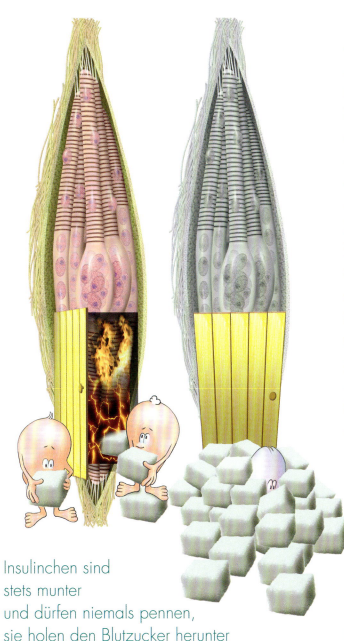

den wir mit dem Essen zu uns nehmen. Aber nicht nur mit Bonbons oder Süßigkeiten, sondern alles, was wir essen kann im Körper zu diesem Zucker umgebaut werden. Und daraus entsteht der Stoff, der dann die Energie liefert. Das läuft natürlich alles recht kompliziert ab. Aber entscheidend ist: Wir brauchen Zucker für unser Leben. Tag und Nacht. In der Jugend und im Alter. Beim Sport und beim Schlafen. Eben immer, aber in unterschiedlicher Menge. Du weißt, dass das Auto schneller fährt, wenn Papa mehr Gas gibt, also mehr Benzin zugeführt wird. Auch der Körper braucht bei Anstrengung mehr Zucker, in der Ruhe dann wieder weniger, und beim Tanken – also dem Essen – reichert er den Energieträger an."

Da schmunzelte Heiko und stellte sich vor, wie Papa beim Essen einen Gashebel drückt und schneller schluckt. Aber er verstand schon, was seine Mama sagen wollte.

„Damit alles richtig funktioniert und der Körper immer über die richtige Menge an Zucker zum Energiegewinnen verfügt, gibt

Insulinchen sind
stets munter
und dürfen niemals pennen,
sie holen den Blutzucker herunter
und lassen ihn im Muskel verbrennen.

Husten Schnupfen **Heiterkeit**

43

es eine Drüse ganz tief im Körperinneren. Sie hat einen komplizierten Namen: Bauchspeicheldrüse. Damit spuckt man aber nicht in seinen Bauch, sondern die Drüse sondert einen Stoff ab, der genau steuert, wieviel Zucker im Blut sein darf und an die Muskeln abgegeben wird. Fehlt dieser Stoff, dann ist zu viel Zucker im Blut. Also etwa so, als würde der Motor laut aufheulen, weil Papa zu viel Gas beim Autofahren gibt. Dieser Stoff heißt nun nicht ‚Gaspedal', oder ‚Vergaser', sondern man nennt ihn Insulin.

Das klingt zwar wie ein Mädchenname, ist aber ein ganz wichtiger Steuerstoff des Körpers. Man nennt einen solchen Körperstoff Hormon, was aber auch kein modischer Vorname für einen Jungen ist und auch kein Musikinstrument, sondern eben ein spezieller Steuermann der Lebensvorgänge im Körper."

Was passiert denn da?

Insulin und Zucker, Zucker und Insulin – das spielt beim gesunden Menschen wunderbar zusammen. Es muss stets die richtige Menge an Energie-Lieferern zur Verfügung stehen. Was gerade nicht benötigt wird, kommt beim Auto in den Tank, bei der Heizung in den Holzschuppen und im Organismus wird es als Zuckerpaket gespeichert, bis es gebraucht wird.

Heiko fragte sich: „Und was ist nun mit Betty? Hormoniert die nicht richtig? Kann man sich mit dieser Zuckerkrankheit anstecken?"

Heikos Mama sah die Angst in seinen Augen.

„Nein, anstecken kann man sich damit nicht. Aber bei Betty gibt es nicht genug Zellen in der Bauchspeicheldrüse, die das wichtige Insulin herstellen. Der Zucker aus der Nahrung gelangt nicht in die Muskulatur, sondern er verbleibt im Blut und wird dort immer mehr und mehr. Das ist eine Gefahr. Die Adern im Körper können dadurch Schaden nehmen, die Nieren werden überlastet, fast alle inneren Organe vertragen so viel Süßes nicht. Die Folge wäre, dass Betty sehr, sehr schwer erkranken würde."

Heiko erschrak!

Helfen ist möglich

Mama ergriff Heikos Hand und tröstete: „Wäre, sagte ich! Keine Angst, junger Mann! Manchmal helfen spezielle Tabletten. Bei Betty funktioniert das aber nicht. Es gibt aber zum Glück die Möglichkeit, dass man das Insulin, das bei Betty fehlt, mit kleinen Spritzen unter die Haut zuführen kann. Man überlistet damit den Körper. Der Blutzucker gelangt in die Muskeln, der Organismus wird nicht gefährdet, der Zucker im Blut normalisiert sich wieder. Und wie Du bei Betty siehst: sie kann ganz normal leben und fröhlich sein, wenn sie

- mit dem Essen nicht zu viel Zucker zu sich nimmt,
- auf Cola und ähnliche Süßgetränke verzichtet,
- ihre Kost sorgfältig auswählt und nicht zu viel verzehrt,
- möglichst Sport treibt, um den Zucker zu verbrennen,
- darauf achtet, dass sie sich keine Verletzungen zuzieht,
- sich regelmäßig eine kleine Spritze gibt."

Heiko bewunderte Betty jetzt noch mehr. Was sie so alles beachten muss, wie sie leiden muss!

Eigentlich gesund!

Nein: Leiden muss sie nicht!", sagte seine Mama, denn sie ahnte, was in Heiko vorging. „Betty kann sich unter euch Kindern genauso bewegen, wie ihr alle. Aber ihr solltet ihr helfen, dass sie das alles durchhalten kann. Ihr Kinder solltet Verständnis haben, wenn sie auf einem Kindergeburtstag nicht mit euch nascht, wenn sie sich einmal zurück-

Diabetes-Hilfe schmerzfrei aus der Spritze, der Insulinchen-Elan ist nun wieder spitze.

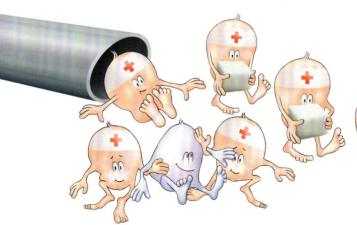

zieht, weil sie ihre Spritze braucht, wenn sie nicht alles isst, was auf den Tisch kommt, und wenn sie auch manchmal schneller ermüdet oder über Durst klagt. Und vor allem: wenn Ihr Betty nicht deshalb verspottet oder ausschließt."

Heiko war erleichtert. Er nahm sich vor, das alles zu beachten, um Betty so zu helfen. Eine Frage quälte ihn aber noch. „Kann ich auch zuckerkrank werden?"

Mama zuckte die Schultern. „Im Kindesalter, so wie Betty, wahrscheinlich nicht. Aber denke an Onkel Kurt, der kurz vor seiner Rentenzeit erfuhr, dass auch er zuckerkrank sei. Das ist aber eine andere Form dieser Störung. Sie tritt zumeist im Erwachsenenalter auf. Hier wirkt das Insulin nicht mehr richtig. Diese Krankheit ist viel, viel häufiger als die Zuckerkrankheit bei Kindern. Man kann sich vor ihr oftmals schützen, indem man ganz bewusst darauf achtet, nicht zu dick zu werden, gesund isst – viel Obst und Gemüse –, und nicht zu viele Süßigkeiten in sich hineinstopft, kein Sportmuffel wird und trotzdem das Leben genießt."

Heiko überlegte und sagt dann: „Aber Onkel Karl ist doch ‚Thearetiker'?"

Mama lachte laut auf: „Nein er ist Diabetiker. Diabetes ist das medizinische Fachwort für die Zuckerkrankheit. Onkel Karl wie auch Betty sind also Diabetiker!"

Heiko hatte verstanden. Er war erleichtert. Er war froh. Er würde in Zukunft auf Betty besonders achten. Und er wollte ihr helfen. Er wusste ja jetzt, dass sie doppelt süß ist.

„Danke, Mama", sagte er und nahm sich vor, Betty für sich künftig Diabetty zu nennen. Aber das will er keinem sagen. Niemandem in der ganzen Klasse. Betty soll ja so leben, als wäre sie völlig gesund. Und ebenso süß!

Medizinal**Rat**

- Diabetes bei Kindern ist keine sehr häufige Krankheit, aber auch keine Rarität. In Deutschland leben etwa 15000 zuckerkranke Kinder (Diabetes Typ 1), dagegen fast acht Millionen Patienten mit dem Erwachsenen-Diabetes (Typ 2).
- Kinder und Jugendliche leiden zumeist am Typ-1-Diabetes, hierbei werden die Insulin produzierenden Zellen durch eine Fehlsteuerung der körpereigenen Abwehr zerstört.
- Diabetische Kinder sind im Prinzip genauso leistungsfähig wie gesunde, wenn sie bestimmte Regeln einhalten.
- Kinder mit Diabetes können durchaus kontrolliert Sport treiben. Es gibt sogar Leistungssportler, die zuckerkrank sind.
- Diabetiker sollten stets etwas Traubenzucker bei sich haben, um beim Blutzuckerabfall (Unterzuckerung) rasch reagieren zu können.
- Der HbA1c-Wert ist ein besonders wichtiger Laborwert und ist bedeutsamer als nur die einmalige Blutzuckermessung. Er sagt aus, wie der Blutzuckerspiegel im letzten Vierteljahr durchschnittlich gewesen ist.
- Schokolode und andere Süßigkeiten sind für kindliche Diabetiker nicht absolut verboten. Ihr Verzehr in kleinen Mengen muss aber bei der täglichen Kohlenhydratbilanz berücksichtigt werden.
- Kinder mit Diabetes benötigen einen Diabetikerausweis, der alle wichtigen Angaben zur Hilfeleistung enthält.
- In der Schule, im Hort, im Sportverein und bei anderen Partnern sollte stets die Telefonnummer des betreuenden Arztes vorliegen, um bei auffälligen Veränderungen (z.B. Ohnmacht, Krämpfen o.Ä.) gezielt Hilfe holen zu können.

K-indianer kennen keinen Schmerz

Opa Heinrich ist eigentlich ein Lieber. Ein Lieb-Herr! Aber er ist irgendwie von gestern. Er ist nicht mehr modern. Die paar Haare, die er noch hat, sind schon grau angeschimmelt. So alt ist er. Schon über 60 (natürlich Jahre, nicht Stundenkilometer).

Mit uns Enkeln will Opa Heinrich immer spielen. Wie albern. Das mag ja gut gemeint sein – aber was für Spiele! An den Computer geht er nicht ran, PlayStation nennt er Blöd-Station. Kein Car-Spiel, sondern Kartenspiel. Statt Baller-Spiele will er Ball-Spiele. Es ist schon anstrengend mit ihm.

Aber wir sind ja einsichtig und hilfsbereit. Manchmal opfern wir etwas Zeit und spielen mit ihm. Man soll den alten Leuten ja auch mal eine Freude machen. Und das Spielen soll ja gesund sein, das Denken fördern, klüger machen und die Stimmung verbessern. So helfen wir Opa Heinrich.

Indiahnung

Gestern hatte er sich in den kahlen Kopf gesetzt, dass wir „Indianer" spielen können. Versteht Ihr: Indianer! Ohne Computer! Wir, wo wir mit unseren 7 und 8 Jahren doch schon total erwachsen sind. Opa ist einfach zu kindisch. Er hatte sich zwei Gänsefedern hinter die Ohren geklemmt, gab seltsame Töne von sich und kroch auf allen

Husten Schnupfen **Heiterkeit**

Vieren über den Teppich des Kinderzimmers. Wir sollten uns ihm anschleichen. Er sei Häuptling „Großer grinsender Pfannkuchen", sagte er. Mich nannte er „Quasselnder Hundefloh, Häuptling der Schwarzfüße". Dabei hatte ich erst vor einer Woche gebadet.

Früher konnte er oft scherzen,
heut' quäl'n Opa Rückenschmerzen,
weshalb ich stets gewinnen tu,
spiel' ich mit Opa Winnetou.

Opa Heinrich gab mir das Pfeil-und-Bogen-Spiel. Wir seien auf dem Kriegspfad gegen die Papatschen oder Bierokesen oder Koma-Mantschen oder Rothändle oder wie immer die feinen Feinde hießen. Da passierte es.

Ich schoss den Pfeil zu Opas Freude ab. Richtung Sofa, dem angeblichen Indianerlager. Er traf. Er traf genau. Aber Opa in den Körperteil, den er zum Sitzen nutzte. Au Backe! Ein hinternlistiger Angriff. Opa schrie laut auf.

Da fiel mir ein Satz von ihm ein, den er mir sonst immer vorhielt: „Ruhig, ein Indianer kennt keinen Schmerz!"

Jetzt wollte er ihn gar nicht hören „Quatsch, jeder gesunde Mensch kennt Schmerzen und spürt sie! Und auch die Tiere."
Also doch!

Opa Heinrich beruhigte sich und erklärte, wie es zum quälenden Schmerz kommt. Auch bei Indianern.

Schmerzlichen Dank

Schmerz ist eigentlich ein Signal, eine Warnung, eine innere rote Lampe oder Hupe gleichsam", sagte er und setzte sich vorsichtig hin.
Fast alle Menschen haben Angst vor Schmerzen. Aber eigentlich ist das falsch.

„Denn wenn Schmerzen auftreten, dann bedeutet das meistens, dass im Körper irgend etwas durcheinander geraten ist. Eine Störung bahnt sich an. Auf diese Warnung muss man achten, sonst können schwere Schäden – das heißt Krankheiten – entstehen."
Zumindest in den meisten Fällen sei Schmerz also etwas Hilfreiches, stellte Opa, inzwischen wieder schmerzfrei lächelnd fest.

Wie kommt es zu diesem Missempfinden?

Überall im Körper verlaufen Nervenfasern, wie die Kabel in einem Telefonkasten. Es gibt auch bestimmte Zellen, die wie eine Überwachungskamera die Umgebung im Körper kontrollieren und bei zu großer Hitze, Kälte, Druck, Spannung, Quetschung und ähnlichen Einflüssen wie ein Wachhund anschlagen. Sie melden über die Nerven diese Veränderungen an die Schaltzentrale, das Rückenmark, das in der Wirbelsäule liegt. Von dort gelangen die wichtigen Schmerzreize in das Gehirn. Jetzt spüren wir, dass es weh tut. Jetzt können wir auch reagieren: fliehen, entspannen, ruhig stellen oder was immer das Beste ist. „Als mich dein Pfeil traf, sprang ich ganz automatisch auf, weil ich mich aus der Gefahrenzone entfernen und weiteren Pfeilen entgehen wollte."

Der Schmerz als freundlicher Feind

Aber das ist nur eine mögliche Schmerzursache. Es gibt zahllose. Und es gibt auch sehr viele Schmerzarten. Ein Zahnschmerz ist ja völlig anders als der Schmerz bei einem verstauchten Fuß oder der Bauchschmerz nach dem vierten Himbeereis. Eine Brandwunde oder ein Beinbruch schmerzen viel mehr als ein Nadelstich.

„Wie fühlt sich Schmerz eigentlich an?", fragte ich Opa Heinrich. Der schüttelte nur den Kopf, als würde ihm diese Frage schon Schmerzen bereiten. „Das kann man gar nicht so einfach sagen. Es gibt so viele unterschiedliche Arten, wie sich Schmerzen äußern.

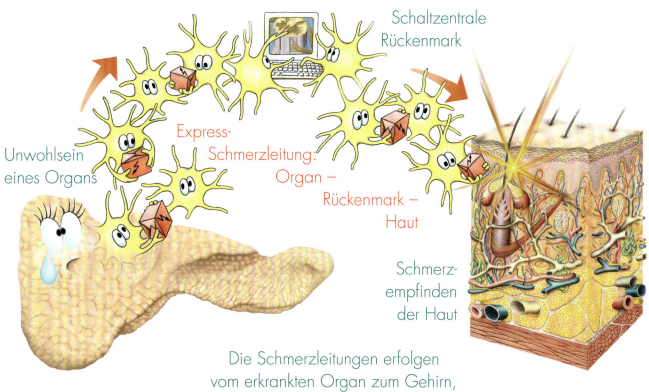

Die Schmerzleitungen erfolgen vom erkrankten Organ zum Gehirn, aber auch direkt über das Rückenmark zur Haut (Head-Zonen).

Schmerzen können
- bohrend sein (noch vor dem Zahnarzt-Besuch),
- brennend (auch ohne Feuer),
- stechend (auch ohne Mücken),
- ziehend (auch außerhalb eines Zuges),
- wellenförmig (nicht nur im Pool),
- dumpf (nicht nur bei Dumpfbacken),
- klopfend (auch ohne Hammer),
- fortgeleitet (auch wenn sie nicht fortgehen),
- zunehmend (auch wenn man abnimmt)
- oder auch krampfartig, auf einen Punkt begrenzt oder breitflächig, ständig oder nur zeitweise, plötzlich auftretend oder langsam entstehend und so weiter ..."

Opa hatte wohl noch weitere Beschreibungen vor, aber ich bekam schon Kopfschmerzen bei diesen vielen Möglichkeiten.

Kobold Schmerz

Die Schmerzursache müsse auch nicht immer dort sein, wo man das unangenehme Gefühl empfindet. So kann bei Kleinkindern der Bauch schmerzen, aber die Ursache liegt vielleicht im Innenohr. Das Bein kann wehtun, aber Schuld hat die Wirbelsäule. „Als Tante Anni immer Kopfschmerzen hatte und dachte, ihr Gehirn sei verschnupft, war die Ursache, dass sie keine Brille trug," erinnerte sich Opa. Oder ein krankes Herz spürt man als Schmerz im Arm. „Es ist also manchmal gar nicht so einfach, die eigentliche Ursache des Schmerzes zu finden und zu beheben", meinte Opa Allwissend.

Ich kam aber nicht dazu, ihm einreden zu können, dass sein Schmerz am Hosenboden eigentlich von den Federn im Haar stamme und ich also unschuldig sei. Was er sagen wollte, hatte ich schon verstanden: Schmerz kann nützlich sein, aber auch durchaus lästig.

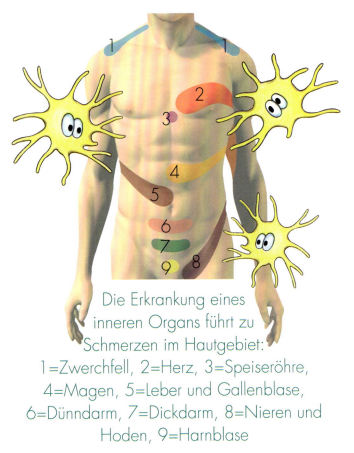

Die Erkrankung eines inneren Organs führt zu Schmerzen im Hautgebiet:
1=Zwerchfell, 2=Herz, 3=Speiseröhre, 4=Magen, 5=Leber und Gallenblase, 6=Dünndarm, 7=Dickdarm, 8=Nieren und Hoden, 9=Harnblase

Mein Schmerz ist nicht dein Schmerz

Opa Heinrich ließ es dabei bewenden. „Was du aber wissen musst: Jeder Mensch spürt seinen Schmerz offenbar anders. Man kann von sich nicht auf andere schließen. Der eine leidet mehr, der andere weniger!"

„Kann man sich an Schmerzen auch gewöhnen?", wollte ich wissen. Opa nickte. „Das weiß man erst seit einiger Zeit: Der Schmerz kann sich gleichsam selbstständig machen. Er ist dann noch da, obwohl die Schmerzursache schon überwunden ist. Beispielsweise schmerzt eine Wunde noch, obwohl sie längst verheilt ist. Das kann sehr unangenehm sein. Deshalb sollte man bei längeren Schmerzzuständen immer versuchen, dieses ‚Schmerzgedächtnis' zu durchbrechen."

Opa Heinrich redete wie ein Wasserfall. Dieser ständig vorhandene Schmerz ohne erkennbare Ursache sei nun keineswegs ein Freund des Menschen, denn er habe keine Warnfunktion mehr. Er ist eine richtige Krankheit geworden. Und die müsse man unbedingt behandeln.

Heile, heile Gänschen, 's wird schon wieder gut …

Zum Glück gibt es viele Möglichkeiten, den Schmerz zu überlisten. Mein schlauer Opa sagte, dass er dabei nicht nur an die Betäubung bei einer Operation denke. Es gibt auch viele Arzneimittel, Wärme- oder Kälteanwendung, Massagen und andere Übungen. Oder spezielles Training, die Behandlung mit feinen Nadelstichen oder auch seelischen Zuspruch.
Was bei der einen Schmerzart wirkt, kann bei der anderen versagen.
Falsch ist es auf jeden Fall, schon beim kleinsten Schmerz gleich eine Tablette einnehmen zu wollen. Die kann nämlich durchaus auch unangenehme Wirkungen haben.

„Ein bisschen Schmerz zu ertragen, das sei doch eigentlich kein Problem", meinte Opa Heinrich. Derjenige Opa, der soeben wegen des kleinen Pfeils so gejammert hatte. Opa Allwissend war sichtlich zufrieden, dass er mich so lange und gründlich belehrt hatte.

„So!", sagte er schließlich als Indianerhäuptling. „Jetzt rauchen wir dafür die Friedenspfeife!"

Selber Pfeife! So ein Quatsch: Friedenspfeife rauchen! Mit fast 8 Jahren? Mit mir doch nicht! Ich bin doch kein Indianer, sondern schon Nichtraucher.

Medizinal**Rat**

- Kinder können auch unter starken Schmerzen leiden, empfinden sie aber oft anders als Erwachsene, da ihr Nervensystem noch nicht voll entwickelt ist.
- Erst im Schulalter ähnelt die Schmerzwahrnehmung der Kinder der von Erwachsenen. Man darf also nicht von der eigenen Schmerz-Erfahrung auf die Empfindung der Kinder schließen.
- Es stimmt nicht, dass Säuglinge keine Schmerzen verspüren. Sie nehmen sie nur anders wahr und können sie schlechter lokalisieren (z.B. Bauchschmerz, doch die Ursache ist eine Mittelohrentzündung).
- Auch Säuglinge und Kleinkinder müssen daher bei Operationen eine Betäubung erhalten.
- Die Beurteilung der Schmerzen ist bei Kindern weitaus schwieriger als bei Erwachsenen. Geduld und Verständnis sind daher nötig.

- Einem Muskelkater beugt man am besten durch Dehnungsübungen vor – Aufwärmen des Muskels.
- Bei einem Muskelkater hilft am besten Wärme, z.B. warmes Duschen oder Baden, Sauna, Rotlicht, warme Tücher.
- Übliche kräftige Massagen lindern Muskelkater nicht, sie können ihn verschlimmern.
- Schmerz nach Überanstrengung der Muskulatur tritt erst ein bis zwei Tage nach der Überlastung auf, sodass der Muskelkater manchmal gar nicht mehr mit der Ursache in Zusammenhang gebracht wird.

Kater frisst Maus

Thilo stürmte in die Wohnung, kaum hatte Tante Silke auf sein langes lautes Läuten hin die Tür geöffnet. Er sagte gar nicht „Guten Tag", was er sonst eigentlich nie vergaß, und spurtete wortlos ins Wohnzimmer, ins Bad, in die Küche – und sein Blick huschte in alle Winkel. „Wo ist sie denn?", fragte er dann doch ganz ungeduldig Tante Silke. Die verstand gar nicht, was er wollte. „Wer soll wo sein?", fragte sie und fürchtete schon, Thilo wäre von einem Dutzend wilder Hummeln gestochen worden, weil er so aufgeregt herumrannte.

„Natürliche eure neue Katze!", schmollte er. „Ihr habt eine, ich weiß das genau!" Tante Silkes Augen weiteten sich, als wären sie die neuen Halogenscheinwerfer an Onkel Reinhards Auto. Sie wusste beim besten Willen nicht, wovon Thilo sprach. Der rannte von Tür zu Tür und rief immer wieder lockend „Mulle, Mulle!" Aber nur Tante Silke kam, und die war wirklich keine Miezekatze.

Katerhaus

„Wie kommst du denn darauf, dass wir neuerdings eine Katze haben mögen können sollten?", entrüstete sich die sonst doch so liebe Tante.

Husten Schnupfen **Heiterkeit**

Thilo plusterte sich auf wie ein frisch bezogenes Federbett: „Ich weiß es genau. Onkel Reinhard hat es mir selbst gesagt!"

Jetzt glaubte die ahnungslose Tante, sie sei im falschen Film oder der falschen Familie gelandet. „Was hat dir mein Mann erzählt, spinnt der denn?" Thilo stellte sich vor, wie Onkel Reinhard am Spinnrad sitzt und Fäden spinne – vielleicht aus den Haaren der neuen Katze.
Er musste schmunzeln, aber eigentlich war er mächtig sauer. Warum zeigte sie ihm das neue Tier nicht?

„Onkel Reinhard hat mir vorhin gesagt, und das habe ich ganz deutlich verstanden, er hat seit gestern einen Kater. Einen kräftigen Kater. Einen Muskelkater!"

Jetzt lachte Tante Silke ganz laut. „Leise!", sagte Thilo, „sonst verscheuchst du ja den kleinen Kater endgültig!"

Tante Silke drängte ihn auf einen Stuhl. „Mitnichten, lieber Neffe! Das ist ein ganz irrig irrtümlicher Irrtum! Reinhard war gestern Abend beim Training. Volleyball.

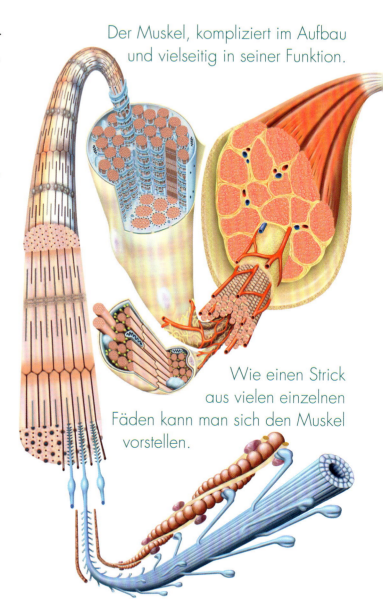

Der Muskel, kompliziert im Aufbau und vielseitig in seiner Funktion.

Wie einen Strick aus vielen einzelnen Fäden kann man sich den Muskel vorstellen.

Aber ein Muskel kann mehr als ein Seil.

Nach einigen Wochen Pause spielte er erstmals wieder. Das hat ihn sehr angestrengt. Jetzt schmerzen seine Oberschenkel und die Arme. Bei jeder Bewegung. Und das nennt man ‚Muskelkater'. Den hat er, aber der miaut und schnurrt nicht."

Dreh-ning statt steh-ning?

Thilo wurde rot wie ein Trikot von Bayern München. Es war ihm peinlich, wie Bayern München. Er hätte sich am liebsten verkrochen, wie Bayern München. Muskelkater – natürlich hatte er schon davon gehört. Aber es sagte ihm nicht viel. Denn er saß viel lieber vor dem Computer und streichelte seine Computer-Maus. Sport war nicht so sehr sein Ding. Offenbar war das gut so, so bekam er wenigstens keinen Muskelkater. Er liebte eher gebratene Puter und schnelle Computer.

„Man schont sich – und das lohnt sich", dachte Thilo, der Computerminator. Warum soll ich also in der Hitze dreh-nieren (ich weiß, man schreibt „trainieren"), wenn ich im Schatten chatten kann?

Natürlich ist das falsch. Es ist ausgesprochen dumm! Eine solche Ansicht kann sogar gefährlich für die Gesundheit sein.

Bio-Motor

Nichts gegen Computer und internette Spiele. Auch Kinder dürfen surfen. Aber der Mensch ist keine Statue und das Leben spielt sich nicht im Sessel ab. Wir wollen, sollen und müssen uns bewegen, jeden Tag, immer wieder. Gehen, laufen, steigen, radeln, springen, hüpfen, heben, greifen, sogar sprechen und lachen – immer sind Muskeln daran beteiligt. Es sind gleichsam die Motoren, die unsere Bewegungen ermöglichen. Wie eine Feder im Spielzeugauto erzeugen sie eine Kraft, wenn sie sich verkürzen.

Muskeln bestehen aus ganz dünnen Faser-strängen (den Muskelfasern), die zu größeren Paketen zusammengeschlossen sind. Durch einen Nervenreiz – wie ein kleiner Stromstoß – verkürzen sich die Fasern und bewegen dadurch die Knochen, an denen sie angeheftet sind. Wenn ich den Arm beispielsweise im Ellenbogen beugen will, dann verkürzt sich ein Muskel am vorderen Oberarm (der so genannte Bizeps) und

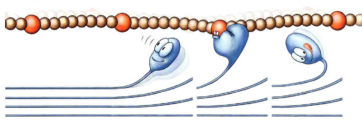

In einer hauchdünnen Muskelfaser (man nennt sie auch Fibrille, aber das ist keine Sehhilfe) gleiten zwei verschiedene Arten von Fäden nebeneinander her. Winzige Köpfchen, bestehend aus Motorprotein „schnappen" nach den Fäden und erzeugen dadurch eine Bewegung. Wie bei einer Teleskop-Stange können die Fasern durch Verschieben kürzer oder länger werden.

der Unterarm wird gehoben, der Ellenbogen gebeugt. Hat man ein schweres Gepäckstück in der Hand, muss der Muskel eine erhebliche Kraft erzeugen, sonst schafft er das nicht.

Über das übliche Üben

Das Allerwichtigste ist aber: Die Muskeln sind nicht „dumm", sie sind nicht so wie ein einfaches Gummiband. Sie können sich anpassen. Beansprucht man sie, werden sie kräftiger und stärker. Schont man sie unnötig, verkümmern sie. Die Kraft lässt nach. Würde ein Fußballer nicht mit dem Fuß ballern und nicht laufend laufen, würde er statt zum torgefährlichen Mittelstürmer zum schutzsuchenden Kittel-Türmer und zur kraftlosen Zitterpappel. Muskeln müssen trainiert werden, müssen gezielt

Mal ist der Muskel lang und dünn. Dann verhürzt er sich durch den Reiz von Nerven, er wird rundlich und dick. Das ist alles sehr kompliziert.

Zum Glück müssen wir nicht bei jeder Muskelbewegung darüber nachdenken, wie wir es richtig machen, um ein kräftiger Mus-Kerl zu werden.

und regelmäßig beansprucht sein, sollen sie wachsen und wirklich wirkungsvoll wirken.

Tante Silke erzählte voller Eifer weiter. „Kräftige Muskeln verhindern auch, dass man stürzt oder zu rasch ermüdet und mit den anderen nicht Schritt halten kann. Sie vermeiden Schmerzen, vor allem im Rücken. Gesunde Muskeln fördern einen gesunden Körper, ein gesundes Leben fordert und fördert gesunde Muskeln."

Aber wieso hat dann Onkel Reinhard den schmerzhaften Muskelkater, wenn Sport doch so gesund sein soll? Was tat er für den Kater?
Tante Silke murmelte etwas, was sich anhörte wie „Selber schuld, weil er wohl den Verstand an der Garderobe abgegeben hatte!"
Thilo beschloss, das nicht gehört zu haben.

„Es ist ganz einfach", spottete seine Lieblingstante über seinen Lieblingsonkel liebenswürdig. „Man darf die Muskeln nicht plötzlich zu lange und zu stark belasten, vor allem, wenn man sie lange nicht beansprucht hatte oder sogar schonen musste. Immer üben, immer trainieren, das macht auch mickrige müde Muskeln mächtig munter. Überanstrengt man sie, reißen einzelne Fasern ein, wie ein überdehntes Gummiband."

Und sie erzählte, dass Reinhard wegen einer Verletzung einige Wochen nicht Volleyball gespielt hatte und nun als Ungeübter zu schnell zu viel schaffen wollte. „Der Muskel rächt sich dafür!"

Monitorheit ade

Thilo, der Bildschirmherr, war ganz kleinlaut geworden. Die vermutete Katze im Hause interessierte ihn gar nicht mehr. Aber dass er so oft, so viel, so lange, so starr am Computer saß und seine Muskeln gleichsam einrosten ließ, dass er sich so wenig bewegte, das bewegte ihn schon.

„Der Muskel-Kater soll getrost die Computer-Maus fressen", dachte er sich. Enter gut, alles gut.
„Aus für die Maus, ich muss sofort fort zum Sport!"

Husten Schnupfen **Heiterkeit**

Den Blick auf das Gelenk gelenkt

Theo rutschte auf dem harten Stuhl im ärztlichen Wartezimmer hin und her. Er wartete. Geduldig. „Schließlich heißt es ja ‚Wartezimmer', weil man hier warten muss", dachte er sich. Aber warum heißt es beim Arzt dann Sprech„stunde", obwohl er ja meist nur ein paar Minuten mit den Leuten redet? Und wenn er eine „Sprechstunde" abhält, macht er im Sprechzimmer auch eine Zuhör-Stunde? Theo kam mit seiner Grübelei nicht weiter, denn er wurde aufgerufen. Zum Doktor.

Furchtsam betrat er das kahle Zimmer. Doktor Schlaumeier sah ihn erstaunt an. Das heißt: Theo wusste gar nicht genau, ob der Arzt wirklich Dr. Schlaumeier hieß, Papa nannte ihn bloß immer so. Vielleicht hieß er auch Brägendöppel oder Fadennudel oder so. Theo war das egal, denn er hatte Sorgen.

Theo-Riese

Der Doktor erkundigte sich freundlich: „Nun, was verschafft mir die Ehre deines Besuchs? Hat dein Fußball Fieber, braucht dein Fahrrad eine Impfung?" Theo fühlte sich veralbert, aber er blieb tapfer.

„Ich bin krank!", sagte er. „Ich bin echt krank!"

Der Doktor wurde ernst und setzte sich zu ihm. „Nanu – und was hast du?" Es klang besorgt.

Theo druckste herum und sagte dann laut und deutlich: „Ich habe Rheuma!"

Der Doktor sah ihn überrascht an. „Du und Rheuma? Quatsch! Wer sagt denn so etwas?" Theo wurde trotzig. Die Mutter würde das sagen. Mehrfach. Immer wieder. Sie habe gesagt: „Du, räum' ma' dein Zimmer auf, das ist ja schon eine richtige Krankheit …" Und die Oma leide ja auch schon seit Jahren an Rheuma.

Dr. Schlaumeiers Mundwickel und Augen begannen verdächtig zu zucken, aber er wollte ernst bleiben. Theo sah das und dachte sich, der Doktor müsste wohl auch mal zum Doktor. Wegen des Zuckens vielleicht zu einem Zuckerarzt. Oder Doktor Schlaumeier war kein Facharzt, sondern Lacharzt. Aber der wandte sich jetzt ganz freundlich an den verunsicherten Theo: „Da hast du aber etwas völlig falsch verstanden, mein Junge!"

Störanfall am Gelenk

Rheuma", sagte er, „ist wirklich eine häufige und schlimme Krankheit. Eigentlich ist das Wort ein Sammeltopf für sehr, sehr viele ähnliche Krankheitsbilder. Aber das Gelenkrheuma, an dem auch deine Oma leidet, ist das häufigste."

Theo war jetzt ganz Ohr und hörte wissensdurstig zu. Im Körper eines Menschen,

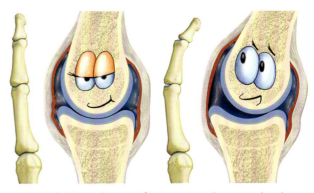

Es sind die glatten festen runden Gelenke, für dich die besten gesunden Geschenke.

so erklärte der Doktor, gebe es ja viele, viele einzelne Knochen. Theo kannte das von dem Knochenskelett, das im Biologieraum stand und das sie respektlos immer Tante Frieda nannten. Die Knochen sind fest. Sie sind wie Stangen. Viele dieser Knochen müssen aber beweglich verbunden sein. Sonst wäre man steif, starr, unbeweglich, könnte weder sitzen noch laufen noch etwas anfassen. „So wie das Denkmal vor eurer Schule", meinte der Doktor. „Es sieht aus wie ein Mensch, aber es kann sich nicht bewegen."

„Die Verbindung dieser Knochen nennt man Gelenke", belehrte der Doktor weiter. Er streckte seinen Zeigefinger in die Höhe

Husten Schnupfen **Heiterkeit**

Wie in einem Kugellager
liegt der Gelenkkopf
in der Gelenkpfanne.
Denn: ...

... Ist das Gelenk glatt wie ein Ei
und der Knorpel einwandfrei,
wird der Gelenkspalt gut geschmiert
ist Schmerzfreiheit garantiert.

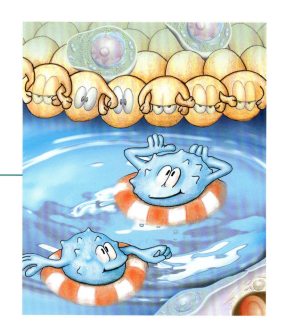

und Theo dachte, jetzt wolle er sich in der Nase bohren. Aber der Doktor zeigte ihm, wie die Gelenke es ermöglichen, dass man die Finger beugen und strecken kann. Ganz beweglich – und dennoch fest.

„Es ist wie auf der Schlittenbahn: Liegt ausreichend Schnee und gibt es keinen Sand oder andere Hindernisse, dann gleitet der Schlitten prima. Auch die Gelenke funktionieren ohne Schmerzen, wenn das Gelenk gesund ist und die Umgebung nicht stört. Bei der Krankheit Gelenkrheuma kommt es aber zu Veränderungen an manchen Gelenken. Sie schmerzen, sind nicht mehr so beweglich, verändern ihre Form. Die Ursachen sind sehr kompliziert. Wichtig für dich soll nur sein: Rheuma ist eine ernsthafte Krankheit. Und du musst verstehen, dass deine Oma deshalb nicht mehr so gut mit dir toben kann, dass sie sich schlecht zu bücken vermag und sich viel langsamer bewegt. Deshalb solltest du ihr immer helfen, wenn ihr das Aufheben und Ähnliches schwerfällt", riet der Doktor.

Überlastung und bedrohliche
Fresszellen können
den Knorpel beschädigen.
Das Gelenk schmerzt.
Denn: …

… Wird der Knorpel aber rau
und verändert seinen Bau,
schmerzen die Gelenke täglich,
wird man kläglich unbeweglich.

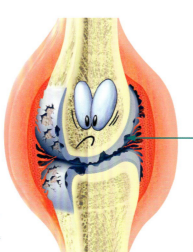
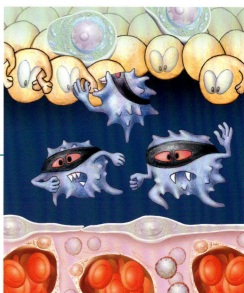

Schleifspuren im Gelenk

Theo begriff jetzt, was sich beim Rheuma, aus welchen Gründen auch immer, abspielt. Und dass Mama das sicher nicht so gemeint hatte.

Doktor Schlaumeier war aber in Fahrt geraten. „Es gibt noch etwas. Die Gelenke können sich auch abnutzen. Es ist wie auf einer Eisbahn: Wenn man Sand darauf streut, wenn das Eis geschmolzen ist, wenn im Schlittschuh lauter Scharten sind und er abgenutzt ist, dann gleitet der Schlittschuh nicht. Ähnlich kann es im Gelenk sein. Ist dessen spiegelglatte Oberfläche verändert und zu wenig ‚Schmieröl' vorhanden, dann funktioniert das Gelenk auch nicht mehr richtig.

Zwischen den beiden Gelenkteilen ist nämlich eine Gleitschicht, die wie die Eisfläche in meinem Beispiel wirkt und verhindert, dass die Knochen aneinander reiben. Bei einer Abnutzung der Gelenkflächen funktionieren sie nicht mehr reibungslos. Diesen Gelenkverschleiß nennt man dann ‚Arthrose'."

Theo schüttelte den Kopf: Eine Blume? Eine Art Rose?
Aber Dr. Schlaumeier stellte klar, dass diese Krankheit nichts Blumiges in sich trage.
„Schon als Kind kannst du darauf achten, dass deine Gelenke nicht übermäßig belastet und gut trainiert werden. Treibe vernünftig Sport, achte auf dein Gewicht. trage passende Schuhe, überlaste die Gelenke nicht, sorge für Entspannung …"

Der Doktor hätte wohl noch lange weiter geredet.

Ab-gelenkt

Aber Theo hatte genug erfahren. Er war beruhigt. Er war willens, auf seine Gelenke und seine Oma besser zu achten. „Und höre deiner Mama künftig genauer zu", riet der Doktor noch.

„Wenn du wieder einmal Sorgen hast, dann komme getrost wieder zu mir", bot Dr. Schlaumeier an. Theo nickte, dachte aber bei sich, dass es in der Etage darüber ja einen Spezialisten gab, der ganz besonders für ihn zuständig sein müsste.

Richtiges Training sorgt dafür, dass der Knorpel gut versorgt wird und gedeiht. Denn: …

… Vernünftig radeln, laufen, bolzen oder baden kann Gelenken niemals schaden. Trägheit macht fast nur Frust, doch beim Training wird die Last zur Lust.

Er hatte das Namensschild gelesen. Das war der richtige Arzt für Theo, denn da stand „Theologe". Aber das sagte er Dr. Schlaumeier nicht.

Theo ging erleichtert nach Hause. Er beschloss, sofort sein Zimmer aufzuräumen und das Rheuma nie mehr zu vergessen. Mama würde er als Entschuldigung einen schönen Blumenstrauß mitbringen.

Er wusste sofort, was er wollte: drei schöne dunkelrote „Art-Rosen".

Die grasgrüne Glitsch-Maus

Ja, ich weiß es doch: Mäuse sind grau. Mausegrau. Ziemlich gräulich sogar. Aber Lukas, unser Klassenbester, behauptete doch allen Ernstes, dass er eine grasgrüne Maus entdeckt hätte. Grün wie der Rasen, über den wir rasen. Es grünt so grün wenn Lukas Mäuse fliehn!
Das war doch quatschiger als Quadratquatsch. Es gibt keine grünen Mäuse! Aber Lukas ist stur. Er hatte sie, so sagt er, selbst gesehen und sogar in der Hand gehabt. „Ganz glitschig war sie! Und grüüüüüüün!", brüllte er.
Natürlich glaubte ihm keiner. Einem Klassenbesten glaubt man ja ohnehin kaum. Streber streben eben. Wir lachten ihn alle aus. „Du hast sicher einen Laubfrosch geküsst", meinte Steffi. Laubfrösche sind grün und glitschig, das weiß sie. Mäuse nie!
Aber Lukas hat einen Trumpf in der Hand. „Ihr könnt es ja selbst sehen. Ich habe ein Foto von ihr!" Und er zückte sein Handy.
Tatsächlich! Unglaublich! Irre!
Auf dem Bildschirm erkannte man deutlich eine Maus, die von der Schnauze bis zur Schwanzspitze grün ist. Grün wie Gras. Und ohne Zweifel: Es war kein Frosch. Sondern eindeutig eine Maus.

Sensation

Lukas konnte stolz sein. Er wird berühmt werden wie Lukas Podolski. Oder Harry Potter.

Husten Schnupfen **Heiterkeit**

Oder Thomas-Wetten-dass-Gottschalk. Er wurde in den Biologie-Lehrbüchern genannt werden, wie jener Herr Darwin, der wohl die verschiedenen Tiere erfunden hat. Die Mädchen würden sich nach ihm umdrehen. Straßen würde man nach ihm benennen, dem Erst-Entdecker der neuen Art der grasfarbigen glitschigen Grünmaus. Schon die Schüler der ersten Klasse an unserer Schule würden lernen müssen, wann er geboren wurde und warum. Lukas, das Ass! Lukas, der für die Wissenschaft Wissen schafft.

Herr Friedel, unser Lehrer für Biologie und sonstige Gemeinheiten, lachte zuerst auch schallend über seinen Lieblingsschüler und seine Mäusegeschichte. Aber nicht lange! Als er das Foto sah, wurde er richtig blass! Da hatte er nun so viele Jahre studiert – und nie etwas von einer grünen Maus gehört. Unerhört! Die Geschichte von der grünen Maus machte doch irgendwie nachdenklich.
Er wollte sich schon mit einer Beschwerde an die Gewerkschaft der Biologielehrer und Rohkost-Verzehrer wenden und Lukas für den allerersten Preis in der Aktion „Forsche Jugend forscht forscher" vorschlagen.

Da meldete sich Ronni. Er meldet sich sonst fast nie, aber grüne Mäuse bewegten offenbar auch ihn. Ronni war aber gar nicht begeistert oder überrascht.
„Na und", rief er nur, „das ist doch nur ein Naturfehler! Die gehört einfach nicht hierher. Sie ist ein Fremdkörper!"

Und er wurde richtig laut!

„Die Haut ist halt unterschiedlich gefärbt. Das ist doch beim Menschen auch so. Nicht alle haben eine so schöne weiße Haut wie ich. Die Dunkelhäutigen, das sind für uns auch häufig Fremde!"
Und er sah sich Beifall suchend um.
Es wurde ganz still.

In unserer Klasse sitzt ja auch Lionell. Er hat ganz dunkelbraune Haut und

schwarze, lockige Haare. Herr Friedel hatte uns schon einmal erklärt, dass Lionells Eltern aus einem fernen Land kommen. Aus Afrika. Dort haben die Menschen eine viel dunklere Haut. Aber natürlich keine grüne. Ronni, unser Klassen-Rüpel verspottet Lionell immer als „Schwarzen". Oder er nennt ihn sogar „Neger"! Das hatte er einmal irgendwo gelesen. Und Neger seien weniger wert als wir. Sagt er. Und er wolle auf keinen Fall neben ihm sitzen. „Der gehört nicht hierher! Der soll verschwinden!", sagte er wütend zu Herrn Friedel.

Oh, wurde Herr Friedel da aber böse.

„Denkst du vielleicht, dass er wegen seiner dunkleren Hautfarbe weniger klug ist, weniger hilfsbereit, weniger sportlich und überall ganz anders?"

Es ist einfach blöd, wenn man glaubt, dass eine andere Hautfarbe einen anderen Menschen macht. Das haut nicht hin!

Schaut auf die Haut

Gut, das haben wir ja nun verstanden. Aber warum gibt es nun keine grünen Mäuse, keine roten Laubfrösche, keine gelben Schwäne. Warum findet man übrigens auch keine Menschen mit hellblauer Haut, mit grüner Zunge und gelben Augen? Blau-grün-gelbe Haare, die sah man ja gelegentlich bei manchen Mädchen. Jeder weiß, dass das gefärbt ist. Aber von Natur aus?

Herr Friedel ging in der nächsten Unterrichtsstunde auf dieses Thema ein. Er zeigte eine Tafel, auf der die verschiedenen Hautschichten dargestellt sind. Das sieht fast aus wie ein Döner-Stück. Die oberste Schicht ist eine Schutzhülle, vergleichbar mit dem Einwickelpapier. Sie besteht aus vielen, vielen kleinen Zellen, die wie Ziegelsteine nebeneinander liegen.

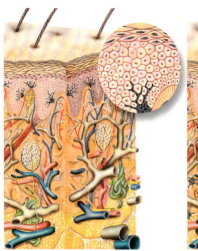 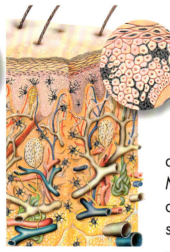

Helle Haut (links) und dunkle Haut (rechts) wird durch die unterschiedliche Anzahl von Pigment-Zellen, Melanozyten genannt, dem Sonnenschutz der Haut bestimmt.

Darunter liegt eine Schicht, in der sich Fett, so genanntes Bindegewebe, Sinneszellen, Blutgefäße, Nervenfasern, Haarbälge, Schweißdrüsen und auch kleine Muskelfasern befinden. Zwischen diesen Gebilden lagert etwas Besonderes: kleine braune Farbkügelchen. Man nennt sie Pigmente, Hautfarbstoff. Sind viele dieser Körnchen vorhanden, ist die Haut dunkel, sind es nur wenige, erscheint sie blass und weißlich. Der braune Farbstoff ist gleichsam eine Sonnenbrille für die Haut. Er schützt sie vor schädlichen Sonnenstrahlen. Setzen wir nach dem Winter die blasse Haut der Sonne aus (in vernünftigem Maße), dann bräunt sich die Haut bei vielen heller häutigen Menschen. Das Pigment nimmt zu, die Haut wird dunkler, ist besser geschützt. Bei manchen Menschen gibt es ererbt mehr Pigment, bei anderen weniger. Das macht die unterschiedlichen Hauttypen aus:

Hauttyp 1 mit sehr, sehr heller Haut und blonden Haaren. Nennen wir ihn den Schneemann-Typ.
Hauttyp 2 mit ziemlich blasser Haut. Der Sonnenblumentyp.
Hauttyp 3 mit leicht brauner Haut. Der Haselnuss-Typ.
Hauttyp 4 mit dunkelbrauner Haut und schwarzem Haar. Der Kastanientyp.

Wenn jemand eine sehr helle Haut hat, dann ist er besonders durch Sonnenbrand gefährdet. Bei dunkleren Hauttypen ist das Risiko geringer.
Kann der Haut auch geholfen werden, nicht zu verbrennen oder Schaden zu nehmen? Oh, ja! Denn ganz besonders für Kinder gilt: Ihre Haut ist besonders zart

und nicht an die Sonne gewöhnt. Aus diesem Grund ist sie noch sehr empfindlich. Zum Schutz gibt es neben schützender Kleidung spezielle Lotionen, die an die Anforderungen der verschiedenen Hauttypen angepasst sind. Da die Haut nichts vergisst und jeden Schaden speichert, ist ein wirksamer Schutz für die Gesunderhaltung der Haut wichtig.

„Doch weder Sonnenbrand noch die Hautfarbe an sich haben etwas mit dem Charakter oder der Schlauheit zu tun!", belehrte er den vorlauten Ronni. Ich klopfte Lionell ganz bewusst freundschaftlich auf die Schulter. Wir würden es nicht mehr dulden, dass Ronni sich über ihn wegen seines Anders-Seins lustig macht.
Insofern hat die grasgrüne Maus schon etwas Gutes getan.

Das Aus der Maus

Herr Friedel war aber dennoch nicht zufrieden. Er hatte schon mit einem berühmten Mäuseforscher an der Universität telefoniert und hätte am liebsten die Maus gemaust.
Schließlich wollte er von dem großen Entdecker Lukas wissen: „Wo, lieber Lukas, wo hast du denn diesen wunderbar-toll-sensationell-einmaligen Fund entdeckt? Wo hast du diese Maus gefunden? Vielleicht stammt sie aus einem Raumschiff? Oder aus dem Mausverkauf aus Harry Potters zauberhaftem Lieblingsladen?"
Lukas schüttelte den Kopf.
Er wusste ja, wo er das Tier gefunden hatte.
Er sagte es auch. Ganz stolz!

„Ich habe die Maus bei meinem Opa im Schuppen gefunden. Und zwar in einem Kübel mit grüner Farbe. Opa streicht gerade die Garage. In dem Farbeimer schwamm sie …"
Und Lukas grinste. Lachte. Lachte uns aus!
Ich wurde auch grün. Vor Wut!
„Natürlich gibt es keine natürlich grünen Mäuse, Ihr Knalltüten!", lachte er.
Herr Friedel lachte auch etwas gequält und sagte nur:
„Ich habe den richtigen Beruf für dich. Ohne Begründung. Du solltest in einer großen Spinnerei arbeiten. Und grüne Spinnweben herstellen!"

Nur unser dunkelhäutiger Lionell war richtig froh über diese Geschichte.

Wunden und Schrunden
für Stunden verbunden

"Na, ihr könnt es mir glauben", tönte der vorlaute Knabe Knut lauthals vor seinen neuen Freunden. „Ich war als Kind ein Wunderknabe! Ein wirklich wahrer wunderbarer Wunderknabe. Das hat meine Mutter ausdrücklich gesagt."
Die anderen waren verwundert.

Das hätten sie dem unauffälligen Knut gar nicht zugetraut. Hatte er schon als Baby Klavier singen können? Oder klitschte er schon große Boxer k.o.? War er Europameister im Weitspucken? Oder sagte er bei einer Rolle vorwärts ein Gedicht rückwärts auf?

Knut grinste: „Ein Wunderknabe. Wirklich wahr – ich war ein wunder Knabe! Ich hatte oft Wunden."

Beinahe hätte er neue bekommen, denn die Kumpel wollten ihm diese Veralberung schon handgreiflich heimzahlen.

Aber Freund Benny wurde nachdenklich und fragte den ganzen Freundeskreis: „Wieso kommt es eigentlich zu Wunden, wenn man sich schneidet oder stößt? Warum blutet jeder Schnitt?"

Denkt der Knabe an Blut, verlässt ihn gleich der Mut.

Wenn man auf die Haut haut

Die Frage beschäftigte jetzt alle und lenkte so vom Zorn auf Knut ab. „Wenn ich einen Schnitt in meine Jeans mache, blutet das doch auch nicht", stellte Benny fest. „Oder habt ihr schon mal blaues Blut aus einem Schnitt in eurer Lieblingshose quellen sehen? Allerdings schließt sich so ein Loch im Hosenbein auch nicht wieder von selbst!", fasste Benny seine zahlreichen entsprechenden Erfahrungen zusammen.

Und damit hatte er eigentlich schon das Wichtigste gesagt.

Die Freunde wollten es aber genauer wissen. Benny plante, das Internet zu befragen. Schließlich ist das Internet für Kinder nett. Aber was sollte er suchen? Einen schneidigen Schnittmeister? Einen Facharzt für Jeanslöcher und Hosenbodenpflege? Den Minister für äußere Verwundungen? Die Fachschule für Diplom-Blutsauger? Einen Verwundertäter? Es war zum Googeln – er wusste nicht, was er in dem windowen Netz zur Klärung seiner fragwürdigen Fragen suchen sollte.

So entschlossen die Freunde sich doch, Doktor Schlaumeier als anerkannten Facharzt für Besserwisserei zu besuchen. Der Arzt hatte Zeit (könnte ja sein), lachte die Jungen nicht aus (könnte ja sein), erklärte sich zum Erklären bereit (könnte ja sein) und die Freunde verstanden ihn auch (könnte ja sein).

Haut-sächlich gesund

Dass Wunden bluten, ist ein Glücksfall. Dass sie wieder aufhören zu bluten aber auch!", fing Doktor Schlaumeier an und setzte sich zu Knut und seinen blutjungen Freunden.

Husten Schnupfen **Heiterkeit**

„Die Haut schützt unseren Körper vor den schädlichen Einwirkungen der Umwelt, vor Schmutz, Bakterien, Austrocknung, Strahlen und anderem mehr, und ist unser größtes Organ. Aber die Haut ist kein undurchlässiger Gummimantel. Die Haut lebt – sie wächst, passt sich an, verändert sich, dehnt sich – sie kann also viel mehr als eine wasserdichte Regenhaut oder ein aufgepumpter Autoreifen."

Reife Haut als Haut wie Reifen? Knut stellte sich vor, wie Mama mit einer Haut aus Winterreifen mit tiefen Rillen aussehen würde, und musste darüber lächeln. Aber was hatte das mit dem Bluten zu tun?

Doktor Schlaumeier bat um Geduld. „Die Haut", erklärte er weiter, „besteht aus verschiedenen Schichten, die miteinander verbunden sind – ähnlich wie eine Butter-Käse-Schnitte oder ein Stück gefüllte Torte. Nun gibt es unter der obersten Haut zwar keine Marmelade, keinen Käse oder Pudding, aber in diesen Schichten liegen ganz unterschiedliche Gebilde mit verschiedenartigen, lebenswichtigen Funktionen.

Blutgefäß mit roten Blutkörperchen, diese transportieren die „Nahrung" in Form von Sauerstoff.

Hämoglobin, der rote Blutfarbstoff, der Sauerstoff-Transporter.

Es gibt Schweißdrüsen, Sinneszellen, Haarbälge, Nervenfasern, Muskelzellen – und auch Blutgefäße. „Die Blutgefäße sorgen dafür, dass die Haut immer gut ‚ernährt' wird. Sie gleichen der Benzinleitung im Auto, die ja auch den Kraftstoff an den notwendigen Ort leitet."

Ernährung für die Haut? Knut fragte sich, ob Doktor Schlaumeier sie veralbert. Er hatte seine Haut noch nie schmatzen gehört oder kauen gesehen. Aber dann erfuhr er, dass das auch anders gemeint war. Die Haut muss, um ihre Funktionen erfüllen zu können, mit Nahrung und Sauerstoff versorgt werden, wie eben ein Auto mit Kraftstoff auch, mit welchem es in Betrieb genommen wird und fahren kann. Der Sauerstoff aus der Atmung wird zusammen mit den Nährstoffen der Haut durch das Blut zugeführt. Bekommt die Haut kein Blut, stirbt sie ab.

Auf der faulen Haut liegen?

Die Haut ist keineswegs „faul". Sie hat sehr viel zu tun. Viele Aufgaben muss sie Tag und Nacht erfüllen.
- Sie schützt den Körper vor Schadstoffen.
- Sie verhindert Schäden durch die Sonnenstrahlung.
- Sie kann den Körper kühlen, indem Flüssigkeit ausgeschieden wird (Schweiß).
- Sie enthält Sinnesorgane (z.B. Tastsinn, Temperaturfühler, Schmerz).
- Sie hält den Körper in Form.
- Sie bildet Schutzstoffe (zum Beispiel Vitamin D oder Abwehrstoffe).
- Sie schützt sich mit einem Säuremantel vor Bakterien.
- Sie beeinflusst den Blutdruck und Blutfluss im Körper.
- Sie sendet Signale (Geruch, Aussehen).
- Sie kann sich selbst reparieren.

Und das Letztgenannte sei, so sagte Dr. Schlaumeier, die Erklärung für die Frage der Freunde.

„Wird die Haut verletzt, sei es durch einen Schnitt, einen Stich, durch zu heftiges Reiben oder einen starken Schlag, dann werden diese kleinen Blutgefäße zerrissen. Das Blut fließt heraus. Man sieht es. Es blutet. Es schmerzt meist auch", belehrte Doktor Schlaumeier.

Knut wurde ganz weiß im Gesicht. Er hatte bei jedem kleinen Bluten immer Angst, dass er „verbluten" könne. Das gestand er ein.

„Diese Gefahr ist bei kleinen Wunden nicht vorhanden", tröstete Dr. Schlaumeier das Bleichgesicht. „Ein Erwachsener hat etwa fünf bis sechs Liter Blut in seinem Körper. Das entspricht dem Inhalt von knapp 20 kleinen Cola-Flaschen oder fünf bis sechs großen Milchtüten.

Beim Gesunden hört eine kleine Blutung schon nach wenigen Minuten auf. Man verliert höchstens so viel, wie in einen Fingerhut oder ein Schnapsgläschen passt. Anders ist es, wenn ein großes Blutgefäß,

Ausschnitte einer verletzten Haut …

… während der Blutgerinnung,

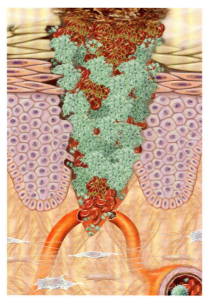

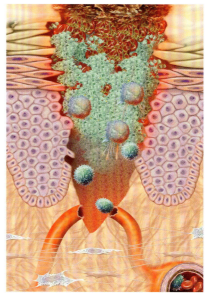

… bei Wundentzündung,

… bei der Narbenbildung,

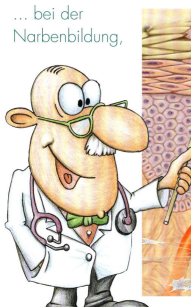

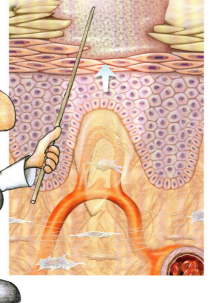

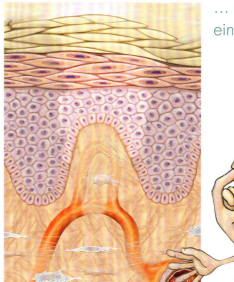

… nach Bildung einer Narbe.

eine so genannte Arterie, verletzt wird. Da spritzt das Blut stoßweise aus der Wunde. Bei solchen Verletzungen muss man schon eher vorsichtig sein. Zum Glück kommt das aber selten vor."

Selbstreparatur

Die neugierigen Blutsbrüder erfuhren das, was besonders wichtig ist und worüber sie bisher nicht nachgedacht hatten.
Wird nämlich ein kleines Blutgefäß verletzt und durchtrennt, passiert etwas wunderbar Verwunderliches mit der Wunde.

- Erst fließt das Blut aus der kaputten Ader heraus. Man blutet.
- Aber schon nach ganz kurzer Zeit ziehen feine Muskelfasern das Blutgefäß zusammen. Der Blutfluss wird schwächer.
- Dann setzt ein äußerst komplizierter Vorgang ein. Zum Glück braucht man es nicht zu erlernen, wie man den Körper die Blutung stillen lässt. Das macht die Natur – beim Gesunden – von sich aus. Es setzen sich nämlich zuerst kleine Blutzellen, die so genannten Blutplättchen, vor die Öffnung der Ader. Sie verstopfen das Loch, gleichsam wie Korken auf einer Flasche. Das Blut kann nicht mehr fließen. Das Leck ist dicht.
- Dann bewirken spezielle Wirkstoffe, dass feine Fäden aus dem Blut gebildet werden. „Man nennt das Fibrin!", belehrte Dr. Schlaumeier, ahnte aber, dass die Jungen diesen Namen schnell wieder vergessen würden. Können sie ja auch. Wichtig ist nur, dass diese Fäden wie Stopfgarn oder wie ein Gummiflicken auf dem löchrigen Fahrradschlauch das kleine Loch noch besser verschließen.
- Und schließlich passiert das ganz Besondere: Aus der Umgebung der kleinen Wunde wächst neues Körpergewebe über die zerstörte Region. Eine kleine Narbe bildet sich. Die Wunde ist endgültig verheilt!
- Es gibt allerdings Krankheiten, bei denen dieser normale Vorgang der Wundheilung gestört ist. Es kann sein, dass eine wichtige körpereigene Substanz fehlt, die der Organismus für die Blutgerinnung braucht. Diese Menschen, man nennt sie auch Bluter, können selbst bei kleinen Verletzungen sehr viel Blut verlieren. Die Blutung kommt nicht zum Stehen.

Sie müssen sich also vor allen Verletzungen schützen. Und sie müssen sich regelmäßig ein Medikament spritzen. Auch nach der Einnahme mancher Arzneimittel kann es dazu kommen, dass eine Wunde länger als sonst blutet. Aber das bedeutet in der Regel keine Gefahr.

- Allgemein gilt: Keine Angst, wenn man mal blutet, weil man sich geschnitten hat oder die Entdeckungsreise des Zeigefingers in der Nase blutig endete. Es sieht schlimmer aus, als es ist.
- Eine blutende Wunde sollte man nie ausreiben oder kräftig auswaschen. Dadurch kann man Keime einmassieren. Auch Jod gehört nicht direkt in eine blutende Wunde. Das schmerzt und ist nutzlos. „Mit Jod mache ich dich zum Volksmusik-Sänger!", sagte der Doktor. „Zum lautstarken Jod-ler!"

Die Wunde heilt, auch wenn man heult.

„Das alles passiert ohne euer Zutun! Man sollte lediglich bei kleineren Wunden mit einem Verband oder Pflaster verhindern, dass Schmutz in die Wunde gerät oder sie immer wieder neu aufgerissen wird. Meist reichen dafür ein paar Stunden. Dann ist alles wieder gut, das Blut von Knut bleibt Blut. Der Wunderknabe ist dann kein wunder Knabe mehr", spottete Dr. Schlaumeier.

Noch ein Knut-Wunder

Da hatten sie also wieder etwas gelernt, die neugierigen Freunde. Und sie nahmen Knut den Scherz mit dem „Wunderknaben" auch nicht mehr übel.
Knut verabschiedete sich fröhlich. Und er rief ihnen noch hinterher: „Wunderknabe ist das Eine. Dichter bin ich auch geworden!"

Wieder waren die Freunde verblüfft. Ein Dichter? Jemand der Liedtexte oder Gedichte schreibt? Der träge Knut soll Dichter sein?

„Ja!", grinste der. „Als Baby brauchte ich täglich mehrere Windeln, weil ich so undicht war. Total undicht!
Jetzt brauche ich keine Windeln mehr, denn ich wurde dichter!"

Medizinal**Rat**

- Die Gesamtfläche der Haut eines Erwachsenen beträgt etwa 1,6 m^2.
- Die Haut ist sauer! Misst man auf der Hautoberfläche den pH-Wert, so beträgt er in der Regel 5,5 bis 6,5, liegt also im sauren Bereich. Dieser Säuremantel der Haut hat eine Schutzfunktion vor Mikroorganismen.
- Die Haut von Kindern ist dünner und empfindlicher als die Haut von Erwachsenen. Deshalb benötigt sie besonderen Schutz und gute Pflege.
- Die Talg- und Schweißdrüsen sind bei Kindern noch nicht voll entwickelt. Das bewirkt, dass Kinderhaut leichter austrocknet. Es muss also ausreichend Feuchtigkeit mit geeigneten Cremes u.Ä. zugeführt werden.
- Baden ist gut, „überbaden" schadet. Die Badedauer bei Säuglingen und Kleinkindern sollte sieben Minuten nicht übersteigen. Die Badetemperatur von 36° C ist optimal. Nach dem Baden ist das Eincremen wichtig, um den Schutzmantel der Haut wieder herzustellen.
- Akne tritt nicht nur in der Pubertät auf. 25 Prozent der Kinder bereits vor der Pubertät zahlreiche lästige Pickel bekommen. Diese sind keinesfalls auszudrücken. Ärztlicher Rat ist bei schweren Fällen zweckmäßig, um die Ursachen zu klären und die richtige Behandlung zu empfehlen.
- Die Haut atmet. Etwa fünf Prozent des gesamten Sauerstoffs, den der Körper aufnimmt, dringt durch sie. Daher ist der Aufenthalt an frischer Luft nicht nur für die Haut, sondern für den ganzen Organismus nützlich.
- Modeschmuck bei kleinen Mädchen ist töricht und falsch. Nickel löst häufig schwere Allergien aus.

Auf den Zahn gefühlt

Also mal ehrlich: Möchtet Ihr Musepampel heißen? Reginald Musepampel? Gewiss, man kann ja nichts für seinen Namen. Man kann sich auch seine Eltern nicht aussuchen – leider, zum Glück. Es ist aber unfair, jemanden wegen seines Namens zu verspotten. Unsere Klassenkumpel nannten Reginald trotzdem immer „Pampelmuse", was ihn ärgerte. Ich rief ihn „Naldi", allerdings klingt das ja nun auch nicht besonders schön. Naldi war schon ein komischer Typ, kein typischer Komiker. Zugegeben: Er war ein guter Schüler. Einfach klasse! Schon in der zweiten Klasse war er erstklassig, ich dagegen war auch in der ersten Klasse zweitklassig.

Nur im Sport war er nicht so toll. Im Fußball eignete er sich nicht einmal als Torwart, höchstens als Pfosten oder Eckfahne. Aber sonst wusste und konnte er fast alles. Manchmal nervte uns das sogar.

Traumberufe und Berufsträume

Jetzt überraschte er uns mit der Frage, welchen Beruf wir wohl später einmal ergreifen wollen würden möchten. „Ergreifen", sagte er. Als würde der Beruf vor uns weglaufen.

Ich hatte darüber auch schon nachgedacht. Am liebsten möchte ich als Beruf

Opa lernen, aber da ist die Bezahlung wohl ziemlich schlecht. Sagt mein Opa. Es gibt auch viele andere interessante Berufe: zum Beispiel Zitronenfalter. Das stelle ich mir cool vor, Zitronen zusammenzufalten. Oder Gabelstapler, da würde ich Hunderte von Gabeln aufstapeln – und Papa müsste sie dann abspülen. Ich liebäugelte auch mit Heimkehrer, dann würde ich immer unser Sportheim auskehren. Oder ich mache eine Lehre als Fliegenfänger, Mitesser oder auch Bauchklatscher. Müllschlucker möchte ich allerdings nicht werden, höchstens Kauboy, denn ich kaue sehr gern Kaugummi.

Naldi hatte aber den ungewöhnlichsten Berufswunsch. Er wollte Zahnarzt werden. Ein Schlechte-Zähne-wieder-Heilmacher, ein bissiger Mund-Räuber, ein Bohr-Maschinist, ein Brückenwächter, ein Zahn-Rat.

Ungewöhnlich, stimmt's?

Wir stellten ihm deshalb doch einige bohrende Fragen. Im Mund anderer Leute herumwühlen, mit Spuk- und Spuck-Gestalten umgehen müssen, vielleicht gebissen zu werden, von allen gefürchtet zu sein – wie kam er nur darauf? Und das muss doch langweilig sein, immer das Gleiche, immer nur keene scheene Zähne …

Naldi war aber überzeugt, einen guten Berufswunsch zu haben.
„Wieso langweilig?", fragte er verwundert. „Es sind doch immer andere Menschen, andere Zähne, andere Befunde, andere Behandlungen." Er erzählte uns, dass wir Kinder 28 Zähne haben, die verschieden aussehen und auch unterschiedliche Funktionen beim Essen haben.
„Erwachsene besitzen sogar 32 Zähne", wusste er. Erwachsene kriegen ja auch nie den Mund voll genug!

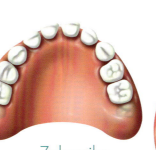

Zahnreihe beim Kind …

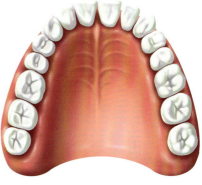

… und beim Erwachsenen.

Zähne zeigen

Und die Zähne sind keinesfalls nur feste Brocken, wie ein Kieselstein etwa. Sie sind aus verschiedenen Schichten aufgebaut.
Die äußerste Schicht ist besonders hart, die härteste Substanz des ganzen Körpers, wusste Naldi. Dieser Zahnschmelz – so heißt die Schicht – ist eine Art Schutzfolie, wie die Ölfarbe an der Wand oder die Auskleidung der Badewanne.

Sie soll verhindern, dass Bakterien oder andere Schadstoffe den Zahnkörper zerstören. Sie soll – aber sie kann es eben nicht immer.
Dann muss der Zahnarzt helfen.

Naldi fletschte dabei seine Zähne wie ein bissiger Hofhund.

„Der Zahnarzt ist sehr wichtig, auch für uns Kinder!" Das habe ihm sein Onkel erklärt. Der sei ein Spezialist für das oberste Drittel des zweiten Backenzahns rechts unten. Er sei auch gar nicht verbohrt. Naldis Schwester nannte ihn ihren Zieh-Vater, weil er ihr einmal zwei Zähne gezogen hatte. Naldi sagte, er sei sein putziger Spülkamerad, weil er bei ihm immer den Mund spülen und die Zähne gründlich putzen müsse.

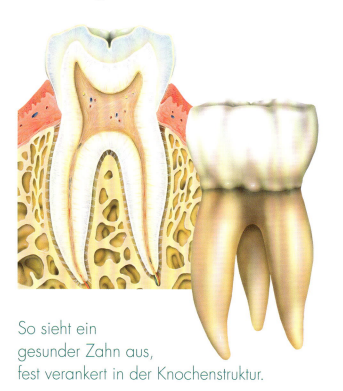

So sieht ein gesunder Zahn aus, fest verankert in der Knochenstruktur.

Putzen bringt Nutzen

Bekommt die Zahnschmelz-Schicht einen kleinen Riss oder ein Loch, dann können Bakterien in den Zahn eindringen und zerstören ihn allmählich. „Ich weiß, das nennt man Karriere!", plapperte Sven.

„Quatsch", berichtigte Naldi, „das heißt Karies. Und das bedeutet so etwas wie Zahnfäule."

Faule Schüler kannten wir ja, aber faule Zähne? „Es bilden sich dunkle Löcher im Zahn. Aber das ist nicht nur ein Problem des Aussehens, wenn diese Zerstörung weiter fortschreitet, dann erreicht sie auch Nerven im Zahninneren. Oder es bildet sich an der Zahnwurzel Eiter." So entstehen Zahnschmerzen.

„Au Backe!", sagte ich. Wenn es ganz schlimm kommt, muss man den Zahn sogar ziehen.

„Zum Glück haben wir alle eine Zahnreserve!", wusste Naldi. Die ersten Zähne, die man als Säugling beziehungsweise Kleinkind bekommt, nennt man Milchzähne (obwohl man ja die Milch nicht kauen muss). Aber Brei-Zähne oder Cornflakes-Zähne gibt es nicht. Diese Zähne fallen dann allmählich aus. Sie werden locker, wackeln – und plötzlich hat man sie im Mund. Das ist völlig normal und gesund. Denn unter diesen herausgestoßenen Milchzähnen wachsen die späteren Zähne nach. Aber eben nur einmal. Wenn diese bleibenden Zähne entfernt werden müssen, verbleibt eine Lücke im Gebiss. „Auch hierbei kann nur der Zahnarzt mit einem Ersatzteil helfen!", verkündete Naldi.

Das ist ja alles schön und gut, aber redet sich Naldi damit nicht nur seinen Berufswunsch schön. Was kann denn schon passieren, wenn so ein Zahn – einer von 28 – erkrankt und löcherlicher Faulpelz wird?

Verzahnt

Also: Harmlos sind Karies, Zahnfleisch-Entzündungen oder der vorzeitige Zahnverlust gewiss nicht. Sie
- verursachen oft sehr starke Schmerzen,
- bewirken Entzündungen und Schwellungen im Gesicht (dicke Backe),
- können die Mundschleimhaut reizen,
- erschweren das Kauen und Essen,
- können gefährliche Bakterien in den ganzen Körper aussenden,
- bewirken oft Bauchschmerzen wegen schlecht gekauter Nahrung,
- schwächen die Abwehrfähigkeit des Körpers,

- sehen unschön aus,
- lassen die Kieferknochen schief werden,
- stören die deutliche Aussprache,
- lösen manchmal sogar Kopfschmerzen aus.

Auch wenn die Karies an den Milchzähnen zunächst keine Schmerzen verursacht, können die anderen Schäden doch wichtig werden. Also müssen Kinderzähne sorgsam gepflegt werden, auch wenn sie uns in den ersten Schuljahren „verlassen" werden, um den Erwachsenen-Zähnen Platz zu machen.

Zahn-Rat

Naldi verstand es schon, uns ganz verbissen für seinen Berufswunsch zu interessieren. Man könne, so wusste der künftige Gebissklempner schon, auch als Kind sehr viel tun, damit die Karies keine Karriere machen kann.

1. Das Wichtigste ist das regelmäßige und gründliche Zähneputzen. Jeden Morgen und jeden Abend! Am besten ist es, wenn man sich daran gewöhnt, zuerst die Kauflächen, dann die Außenseite, dann die Innenseite der Zähne mit einer geeigneten Zahnbürste zu „scheuern". (Wer eine ganz große Klappe hat, kann ja auch eine Klobürste nehmen!)
Eventuell spezielle Zahnpasta mit einem Zusatzschutz (Rat vom Zahnarzt) benutzen.

2. Die Zahnzwischenräume sollten regelmäßig mit Zahnseide gereinigt werden.

3. Zucker und Säure schädigen den Zahnschmelz. Viele süße und klebrige Bonbons

Die Fäulnisbakterien im Mund, produzieren Karies.

Zahnkaries wird ausgelöst von Bakterien, die sich auf den Zähnen ansiedeln und durch ihre sauren Stoffwechselprodukte den Zahnschmelz schädigen.

sind daher Feinde der Zähne. Auch die coole Cola verkohlt die Zähne. Also: Naschen nur mit Bedacht. Und harte Süßigkeiten möglichst nicht kauen.

4. Keinesfalls die Zähne überlasten, beispielsweise Flaschenverschlüsse damit lösen wollen oder etwa Draht durchbeißen.

5. Regelmäßig im Spiegel kontrollieren, ob die Zähne dunkle Flecken aufweisen.

6. Kaugummi (zuckerfrei) hilft bei der Zahnpflege. Man muss ihn ja nicht unbedingt beim Zahnarzt im Wartezimmer unter den Tisch kleben. Kaugummi fördert nämlich die Speichelbildung. Und der Speichel reinigt zusätzlich die Zähne von eventuell noch vorhandenen Speiseresten. Auch die Zunge und die Wangenschleimhaut werden dadurch besser gereinigt. Das Kaugummi-Kauen wirkt gegen Mundgeruch.

Naldi überlegte sofort, dass er seiner Mutti das anraten würde. „Die schlauen Frauen kauen!"

7. Zweimal täglich werden die Zähne geputzt, und damit Pasta! Aber: Zahnpasta ist nicht gleich Zahnpasta. Manche Zahnpasta speziell für Kinder enthält Fluorid. Mit den Zähnen durch Wald und Fluor. Fluorid, das Salz des eigentlich giftigen Elements Fluor, härtet den Zahnschmelz. Dadurch wird er weniger anfällig für die Zahnfäule, die gefürchtete Karies. Fluorid kann mit dem Trinkwasser, mit Tabletten oder mit der Zahnpasta zugeführt werden. Es ist nachgewiesen, dass dadurch die Karieshäufigkeit bei Kindern und Jugendlichen gesenkt wird. Bei einem Zuviel an Fluor kann es allerdings zu einer fleckigen Verfärbung der Zähne kommen. Daher: Beachten, was der Zahnarzt im konkreten Falle rät.

8. Auf KAI achten! Kai ist kein Kind aus der Kita-Gruppe oder Mitschüler in der Parallelklasse. Kai ist auch nicht der neue 13. Freund der großen Schwester. KAI ist eine Regel, eine Empfehlung, ein Tipp-Topp-Tipp. Er rät, wie man richtig Zähne putzt: Man sollte eine Reihenfolge einhalten. Eben KAI! „K" steht für „Kauflächen" Die sind zuerst dran. Dann: „A" bedeutet

„Außenseite", „I" meint die „Innenseiten" der Zahnreihen. Mit KAI zu putzen bringt größten Nutzen!

9. Zähne zeigen! Keine Angst vor dem Zahnarzt. Die regelmäßige jährliche Kontrolle tut nicht weh! Aber sie schützt.

Nachdem wir das alles erfahren haben, änderte sich in unseren Augen das Bild vom Beruf des Zahnarztes. Irgendwie verstanden wir Naldi. Wir waren ja nicht verbohrt.
Außerdem musste man als Zahnschützer ja noch viel mehr leisten. Plomben anfertigen lassen, Kronen aufsetzen (auch bei Nicht-Prinzen), künstliche Zähne einpflanzen, Brücken bauen, Zahnfleisch pflegen oder gar ein ganzes künstliches Gebiss planen und anpassen.

Gebissen

Manche alte Menschen haben solche Gebisse, die man herausnehmen kann. „Meine Oma beispielsweise, die sonst zahnlos wie ein Karpfen wäre!", wusste Jens.

Auch so ein Gebiss muss gepflegt werden. Regelmäßig.

„Neulich wollte ich Oma eine Freude machen und habe das Gebiss zur Schnellreinigung in die Waschmaschine gegeben". Naldi sagte nur: „O weh, dabei geht es doch kaputt."
„Nein!", berichtigte Jens. „Es hat die Waschmaschine überstanden, nur das Schleudern und die Heißmangel nicht."

„Und hat die Oma geschimpft?"
„Ich weiß es nicht", berichtete Jens. „Sie hat zwar etwas gesagt, aber ich verstand es wegen ihrer undeutlichen Sprache nicht. Nur ein Nuscheln hörte ich, sie hatte ja kein Gebiss".

Warum sind die Zähne so unterschiedlich geformt?
A) Weil es beim Lachen schick und nicht so einförmig aussieht.
B) Weil die verschiedenen Zähne unterschiedliche Aufgaben haben.
C) Weil es beim Klapperstorch nicht ausreichend Zähne gleicher Art gab.

Richtig ist B). Die Schneidezähne (jeweils zwei vorne unten und oben) ermöglichen das Abbeißen, die Eckzähne haken die Nahrung fest und die Backenzähne kauen und zermalmen sie.

Warum sollte man wenigstens einmal pro Jahr zum Zahnarzt gehen?
A) Damit man Zahnschäden sehr früh erkennt und besser behandeln kann.
B) Damit der Zahnarzt sich nicht in seiner Sprechstunde langweilt.
C) Weil im Wartezimmer immer so tolle Kinderbücher liegen.

Richtig ist A). Wenn ein kleines „Loch" im Zahn früh erkannt wird, dann ist die Schädigung noch sehr oberflächlich und lässt sich leicht, ohne viel zu bohren, behandeln. Der Zahn bleibt gesund.

Warum tragen manche Kinder eine Zahnspange?
A) Damit die lockeren Zähne nicht herausfallen.
B) Damit die Zähne in der richtigen Stellung wachsen.
C) Weil es eine besondere Art von Modeschmuck ist.

Richtig ist B). Durch die Zahnspange wird verhindert, dass die Zähne schief wachsen und sich gegenseitig behindern.

Warum blutet es manchmal beim Zähneputzen?
A) Weil Zähneputzen sehr gefährlich ist.
B) Weil die Zahnbürste wie ein Blutsauger funktioniert.
C) Weil das Zahnfleisch entzündet und leicht verletzbar sein kann.

Richtig ist C). Der Zahn ist von Schleimhaut (Zahnfleisch) umgeben. Wenn es bei einer Entzündung besonders stark durchblutet wird, kann es beim Zähneputzen zu kleinen Blutungen kommen. Das ist aber ungefährlich.

Schlimme Stimme?

Kennt Ihr eigentlich Ben? Ben, die Nervensäge? Die Quasselstrippe? Wenn ihr ihn nicht kennt, dann seid froh. Er ist nämlich – sagen wir es ganz vorsichtig – ziemlich anstrengend. Ben tut ganz wichtig, aber ihm ist nicht wichtig, was er tut. Manchmal glaubt man, er sieht mit den Ohren. Wenn er erzählt, was er so alles an Heldentaten vollbracht und an besonderen Ereignissen erlebt hat, dann möchte man am liebsten Bens Lautsprecher abstellen.

Ben spielt gern Familie: Mutter, Kater, Kind. Heute zog er seinen größten Trumpf. Er behauptete nämlich dämlich allen Ernstes, sein Kater könne sprechen. Ganz deutlich. Er verstehe ihn genau, wenn er sich mit ihm unterhält, und das Tierchen würde richtig antworten. Manchmal etwas undeutlich, manchmal nicht ganz hochdeutsch, aber immerhin: Er spräche!

Der Kater – was tat er?

Ben erzählte uns auf dem Schulhof ein Beispiel. Ihn habe gestern eine Mücke gestochen (groß wie ein Adler, natürlich). Es hätte ganz fürchterlich geschmerzt, aber er, der Held, habe natürlich nicht mit der Wimper gezuckt. Nur seinem Kater, seinem Vertrauten, hat er gesagt. „Schnurr", so heißt der nämlich, „mich hat soeben etwas ganz fürchterlich gestochen".

Und der Kater – wirklich unglaublich – habe geantwortet, meinte Benny. Er habe ganz deutlich gesagt, „Mi au!" Und das sei doch klar: „Mi au" heißt auf Kätzsisch: „Mich auch!"

Husten Schnupfen **Heiterkeit**

Wir lachten Ben Angeberinski aus. Spinnerei! Quatsch! Unmöglich! Katzen können natürlich nicht wie Menschen sprechen. Sie haben ihre eigene verkaterte „Sprache", wenn man das überhaupt so nennen kann.

Ben war wütend und wollte das nicht einsehen. „Ich werde euch blöden Spatzen wie die Katzen mit meinen Tatzen die Fratzen kratzen und mich daran satt sehen!", maulte er wütend.

Lauter laute Laute

Zum Glück kam Frau Bergmann dazu, unsere Lehrerin und Belehrerin. Ben suchte bei ihr Unterstützung. Aber er wurde enttäuscht.

Frau Bergmann tat der Kater in der Tat sehr leid, aber ein Sprachzeugnis wollte sie ihm nicht ausstellen.

„Tiere können nicht sprechen!", belehrte Frau Bergmann den zornigen Ben. „Ach nee!", maulte der, „und der Papagei in der Zoohandlung, der immer ‚Hallo, Dicker!' ruft?" Ein Punkt für Ben?

Frau Bergmann nahm sich Zeit und Ben vor. Sie erklärte dem Enttäuschten, dass manche Tiere – eben auch Papageien – Laute nachahmen, die sie hören. Papageien gäben beispielsweise auch Töne von sich, wie sie eine Kreissäge macht, oder der Wecker, oder der krähende Hahn. Diese Vögel verstehen aber keineswegs, was sie da tönen.

„Es ist wie bei einer CD oder einer Kassette, die du besprochen hast. Wenn du auf den Wiedergabe-Knopf drückst, spielt das Gerät dir wieder vor, was aufgenommen wurde – aber es reagiert doch nicht auf deine Frage. Hast du vielleicht zu Weihnachten ein paar Lieder aufgenommen und fragst dann später mal den Rekor-

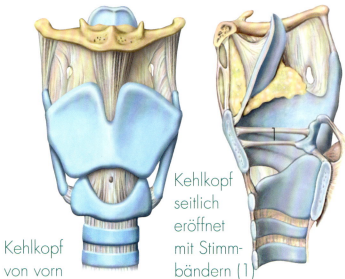

Kehlkopf von vorn

Kehlkopf seitlich eröffnet mit Stimmbändern (1)

Kehlkopfspiegelbilder bei …

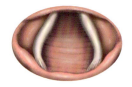

… ruhiger und starker Atmung,

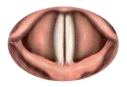
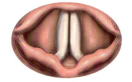

… bei normaler Sprache,

… bei Flüstersprache.

der: ‚Hallo, wie geht es dir?', dann spult er ab ‚O Tannenbaum, o Tannenbaum" oder etwas ähnliches. Fragst du ihn: ‚Möchtest du etwas essen?', dann schallt es vielleicht zurück, ‚Morgen, Kinder, wird's was geben …'
Es ist also keine sinnvolle Antwort, nur ein Wiederholen von Tönen. Ähnlich machen das auch der Papagei und einige andere Vögel. Ihre Sätze sind niemals Antworten, die sie bedacht haben. Sie sprechen zwar, aber sie reden nicht. Sie verstehen nichts, auch wenn wir sie verstehen!"

Der Mensch stimmt!

Ben war zwar enttäuscht, dass ein Papagei nur ein Rekorder sei und sich sein Kater nichts denken würde, wenn er denkt, dass er denkt.

Wie kommt es aber nun dazu, dass der Mensch sprechen kann? So viele verschiedene Worte! So lange Sätze! Oft in mehreren Sprachen!

Wenn Ben sich ganz klein machen und in den Hals hineinkriechen könnte, dann fände er wohl die Antwort.

Frau Bergmann führte nämlich seine Hand an die Vorderseite seines Halses. „Spürst du da etwas Festes, wie eine Schnalle?" Ben nickte. Frau Bergmann: „Das ist der Kehlkopf." Ben stutzte: „Ein Kohlkopf?"

„Bei dir vielleicht", sagte ich, „aber das ist der Kehlkopf, du Hohlkopf."

Frau Bergmann überhörte das und erklärte weiter: „In diesem festen Gebilde befindet sich der Apparat, der uns das Sprechen eigentlich erst ermöglicht."
Der Weg von einem Gedanken bis zum gesprochenen Satz ist kompliziert. Bei den meisten. „Manche quasseln auch einfach los", meinte Frau Bergmann und sah lächelnd Ben an. „Erst entsteht im Gehirn die Idee, der Gedanke, der Plan, die Erinnerung, was man aussprechen möchte. Über Nerven wird dieses ‚Programm', wie am Computer über die Maustaste, auch an den Kehlkopf geleitet. Darin gibt es zwei Bänder, die eine Ritze begrenzen, durch die die Atemluft strömt. Diese Spalte kann enger oder weiter werden."

Ton-Bänder

Die Bänder schwingen außerdem wie die Blättchen bei einer Mundharmonika oder wie eine Gitarrensaite, die man anreißt. Das lässt Töne entstehen. Mal klingen die tief, mal hoch, mal brummend, mal glockenhell. Strömt viel Luft schnell durch die Stimmritze, wird der Ton laut, ist es nur wenig, dann flüstert man. Im Rachen und in der Mundhöhle werden diese Töne mit Hilfe der Zunge verändert. Es entstehen Worte mit unterschiedlichem Klang. Zumindest beim Gesunden. Und mit diesem komplizierten Mechanismus kann der Mensch Gedanken ausdrücken, auf Fragen antworten, Lehrerinnen grüßen und anderes

Aus der Kehle kommen schöne, manchmal auch sehr laute Töne!

Husten Schnupfen **Heiterkeit**

Wichtiges mehr tun." Frau Bergmann räusperte sich. Sie hatte ja schon recht lange gesprochen.

„Wenn man zu viel oder zu laut spricht und schreit oder wenn man erkältet ist, dann verändern sich diese Stimmbänder. Die Stimme wird heiser, man muss sich räuspern und eventuell husten."

Ben erfuhr dann auch noch, dass mit dem Wachstum sich auch die Stimmbänder und der Kehlkopf verändern. Deshalb klingt die Stimme eines Jungen anders als später bei einem Erwachsenen (nach dem „Stimmbruch"), bei einer Frau anders als bei Männern.

Ben hatte genug erfahren. Ob er jetzt überzeugt war, dass Tiere nicht sprechen können? Ich glaube nicht! Denn vorhin kam er zu mir geschlichen und flüsterte: „Tiere antworten doch auf Fragen!"
Ich war wirklich überrascht, dass er offenbar nichts kapiert hatte.
„Ich ging vorhin am Bauernhof vorbei, dort wo immer der süße kleine Esel auf der Weide steht." Und er erklärte: „Ich habe ihn gefragt: ‚He, Esel, kannst du sprechen?'"
„Und?", fragte ich.
„Der Esel hat eindeutig geantwortet. Er hat ‚I-A', gesagt, also Ja!", meinte Ben.
Ich überlegte, wer von den beiden wohl der größere Esel war.

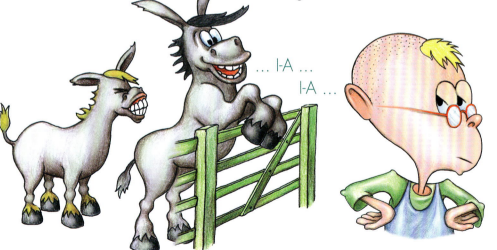

Unerhörtes Konzert

Bumm-dumm-wummberum-wumm-bumm! Die Bässe dröhnen wieder laut, die schrille Musik lässt die Vögel – sogar die tauben Tauben – verstummen und die Regenwürmer fliehen in die Tiefe. Bello, der Hund unseres Nachbarn, flieht dann in die äußerste Gartenecke. Vermutlich aus Neid, dass er nicht so laut jaulen kann. Das ist uns doch egal. Wir mögen das. Unsere Musik muss laut sein. Walter – genannt Krawalter – dreht die Lautsprecher stets so weit auf, dass die Wände des Gartenhauses wackeln. Richtig so, denn Lautsprecher heißen ja Lautsprecher und nicht Leiseflüsterer.

Uns gefällt das.

Aber nicht allen! Unsere Nachbarn, vor allem Bellos Herrchen, Herr Ohran-Utang, aber auch Frau Stiller-Leisetreter, haben sich schon oft beschwert. Über ruhestörenden Lärm! Wir haben uns hingegen über deren lärmstörende Ruhe noch nie beklagt. Denn wir haben eben Verständnis, vorausgesetzt, dass wir bei dem Gedröhn überhaupt etwas verstehen können.

Bumm-dumm-wummberum-wumm-bumm – so geht es weiter.

Konzertlich

Deshalb waren wir sehr überrascht, dass wir von Herrn Ohran-Utang eine Einladung erhielten. Schriftlich. Ganz freundlich und ganz formvollendet. Gerichtet an

Husten Schnupfen **Heiterkeit**

Herrn Vater und Frau Mutter sowie die jungen Jungen. Und deren fröhliche freundliche Freunde. Es war eine Einladung zu einem Konzert! Zu einem ganz besonderen Konzert, nämlich zu Ehren von Bello, der an jenem Samstag Namenstag oder Geburtstag oder Konfirmation oder Jugendweihe oder Hochzeitstag hatte. Irgendetwas Feierliches war es jedenfalls. Wir müssten auf jeden Fall kommen. Zur Bello-hnung, sonst wäre Bello traurig.
Er würde sonst die halbe Nacht hindurch jaulen. Natürlich nahmen wir die Einladung an, obwohl Bello selbst nicht unterschrieben hatte.

Ich musste mir den Hals putzen und die Schuhe waschen, die Fingernägel kämmen und die Haare säubern, jedenfalls eine Reihe unschöner Dinge bewältigen.
Dann gingen wir los.
Es waren ja nur wenige Schritte bis zu unserem Nachbarn.
Eine entsetzliche Ruhe herrschte, denn wir mussten unsere Musikanlage und die Bläh-Player ja zu Hause lassen.

Bello empfing uns ängstlich. Er wedelte dennoch mit dem Schwanz. Frau Stiller-Leisetreter wedelte mit einem Notenblatt. Nach einer kurzen Begrüßung ging es los. Das Konzert begann. Künstler waren die stillen, es lautlos liebenden Nachbarn.
Sie hatten verschiedene Flöten und Pfeifen. „Sicher ist das moderne Musik", sagte Mama und Papa bekam Angst.
Sie spielten.
Sie spielten lange.
Bello wedelte mit dem Schwanz und kam immer näher.
Aber wir – wir hörten nichts.
Keinen Laut, kein Tönchen, keinen Mucks.
Lauter Stille und stille Laute!
Was sollte das?

In Ohr-dnung

Herr Ohran-Utang klärte uns schließlich nach einiger Zeit auf.
Feixend! Schadenfroh!
„Wir haben tatsächlich auf diesen Pfeifen gespielt, aber die geben so hohe Töne von sich, dass nur Bello oder andere Hunde sie hören können. Es sind so genannte Dalton-

Pfeifen. Das menschliche Ohr kann deren Töne nicht wahrnehmen – wir sind dafür zu schwerhörig!"

Und Herr Stiller wandte sich dann direkt an uns.
„Diese Gefahr droht euch bei diesem ständigen Dröhnen! Ihr werdet dann immer weniger hohe Töne wahrnehmen können und könnt sogar taub werden."
Wir hörten ihm zu, schließlich hörten wir ja.
Er erklärte uns, dass Töne, auch unsere Wumm-wumm-Musik, eigentlich Luftwellen seien. So ähnlich wie die kleinen Wellen, die entstehen, wenn man einen Stein in einen Teich wirft. Diese Wellen gelangen in unsere Ohren. In der Tiefe der Ohröffnung gibt es eine dünne, hautartige Wand. Sie nennt man Trommelfell, weil sie wie die Bespannung einer Trommel schwingen kann. Die Schwingungen des Trommelfells sind unterschiedlich, je nachdem wie hoch und wie laut die Töne sind. Das Flattern des Trommelfells wird über kleine Knöchelchen auf ein schneckenartiges Gebilde tief im Innenohr übertragen. Es ist die Schnecke. Darin befindet sich eine Flüssigkeit, die gleichsam Wellen schlägt und damit Sinneszellen, die unterschiedlich empfindliche feine Härchen aufweisen, schwingen lässt und somit reizt. Kompliziert, aber man kann es sich doch vorstellen.

Das Entscheidende ist: Wenn man dieses komplizierte System zu laut und zu lange belastet, dann verliert es seine Empfindlichkeit. Es leiert gleichsam aus. Die Härchen bewegen sich nicht mehr schallgerecht. Man hört immer weniger hohe Töne: Das ist im Alter ohnehin so – deshalb hört Oma das schrille Klingeln des Telefons kaum, wohl aber das tiefe Scharchen von Opa.

Mittelohr mit Trommelfell (1) und Innenohr mit Schnecke (2) vergrößert dargestellt.

Husten Schnupfen **Heiterkeit**

Gehörschnecke (1) mit Hörnerven (2) und Sinneszellen (3).

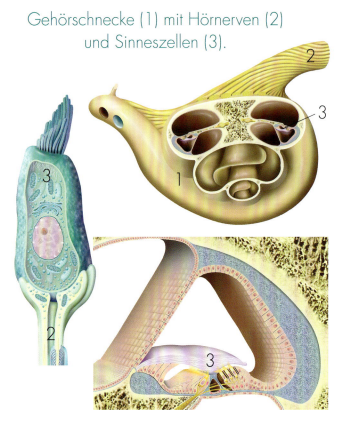

Lauter Lehren

Die zu laute Musik, auch über Ohrhörer, birgt nun die Gefahr, dass schon junge Menschen schwerhörig werden. Wer im Berufsleben mit Krach in Berührung kommt, muss einen Ohrschutz tragen. Aber habt ihr schon mal jugendliche Beat-Fans oder Disk-Jockeys mit Ohrschutz gesehen? Die riskieren also viel mehr als Lärmarbeiter an Flugzeugen, Schmieden oder anderen Krachmachern. Disko-Musik macht so viel Lärm wie eine Motorsäge! Kopfhörer können das noch übertreffen. Und es gibt gar keine Zweifel, dass das schädlich für die Ohren und den gesamten Organismus ist!

Wir waren ganz still.
Und nachdenklich.
Von der Lautheit geläutert.
In Zukunft werden wir – im eigenen Interesse – die Musik leiser stellen. Wir wollten hören und aufhören mit dem Krach. Ganz ohr-dentlich!

Bellos Konzert hatte also einen Erfolg gehabt. Wir haben etwas gelernt.

Aber eines weiß ich:
Wenn die Nachbarn uns vielleicht erneut zu einem Konzert einladen, vielleicht für ihre sich putzig putzende Katze Putzi oder die waschwütigen Waschbären, dann gehe ich nicht hin.
Sonst muss ich dann regelmäßig Schuhe und Zähne putzen und mir öfter die Hände und den Hals waschen.
Das wäre doch unerhört!

MedizinalRat

- Schwerhörigkeit kann angeboren sein. Deshalb sollten Eltern darauf achten, ob Säuglinge auf Geräusche reagieren.
- Experten schätzen, dass bereits 13 Prozent der Jugendlichen Störungen des altersgemäßen Hörens haben.
- Innenohr-Schwerhörigkeit ist nicht heilbar. Es gibt allerdings moderne Geräte zur Hörverbesserung, auch Operationen sind eventuell möglich.
- Der Mensch hört im Jugendalter Frequenzen von etwa 30 Hertz (sehr tiefe Töne) bis 15.000 Hertz (sehr hohe Töne). Mit zunehmendem Alter nimmt das Hören der hohen Töne ab. Die wichtigsten Frequenzen für das Sprechen und Hören liegen bei 4.000 bis 6.000 Hertz.
- Die Lautstärke wird in Dezibel gemessen. Ein normales Gespräch führt man mit etwa 55 Dezibel (dB), Schreien oder der Rasenmäher schaffen etwa 70 dB, Verkehrslärm 75 dB, aber in der Disko und mit Kopfhörern werden durchaus 110 dB (wie eine Motorsäge) erreicht. Ein startender Düsenjäger schafft 130 dB.
- Innenohrschäden sind schon ab 85 dB möglich, vor allem bei langdauernde Lärmeinwirkung.
- Zehn Prozent der Teenager stellen ihre Kopfhörer auf 90 bis 100 dB und hören das durchschnittlich drei Stunden pro Tag (laut Wissenschaftlichem Beirat der Bundesärztekammer).
- Fremdkörper im Ohr von kleinen Kindern sollten stets Ärzte entfernen (Gefahr der Trommelfellverletzung). Es dürfen dafür keine spitzen Gegenstände benutzt werden.

Große Sorgen eines kleinen Kindes: Wachs-Figur

Hallo, ihr da! Kennt ihr mich? Ich bin Lilli. Lilli Putt. Habt ihr mich schon mal gesehen? Bin ich euch irgendwie irgendwann irgendwo aufgefallen? Habt ihr mich bemerkt?
Nein?

Seht ihr, das ist eben mein Problem. Niemand bemerkt mich. Keinem falle ich auf. Ich bin zu klein. Viel zu klein, wie ich meine.
Wenn ich beim Bäcker anstehe, dann kommen die Erwachsenen hinter mir immer früher dran. Ich werde übersehen. Am Eisstand muss ich immer erst hochspringen, bevor Eismann Mario mich entdeckt. Auf dem Fußgängerüberweg werde ich von den Großen oft richtig überrannt.

Mir reicht es jetzt! Ich will nicht mehr fein klein sein, nein!

Größenwahn

Gut, die anderen in meiner Klasse sind auch nicht größer. Wir seien eben noch Kinder, sagt Frau Mendel, unsere Lehrerin. Sie ist groß und große Klasse. Aber sie versteht meinen Ärger nicht. „Du wirst ja noch wachsen. Kinder sind mit sieben Jahren eben noch klein", tröstete sie mich gestern. Quatsch! Das Pferd meiner großen Schwester ist auch erst sieben Jahre alt und schon ganz groß.

Ich will endlich auch groß sein und nicht mehr übersehen werden. Warum sind einige Menschen klein, andere dagegen so herrlich riesig? Herr Grün, unser Gemüsehändler beispielsweise, ist auch ziemlich klein. Er reicht nicht einmal an die oberen Regale in seinem Laden, weshalb ihn Oma manchmal als „die Blattlaus" bezeichnet. Opa nennt ihn wegen seiner kleinen Großheit immer „Gartenzwerg". Ich möchte nicht, dass man mich auch so verspottet, weil ich klein bin. Im Zirkus sah ich einmal ganz kleine Menschen, über die alle lachten. Die waren schon erwachsen, aber kaum größer als ich. Mama sagte, das sei eine Art Krankheit. Von Beruf waren die angeblich Liliputaner. Aber ist das schön, immer ausgelacht zu werden?

Nein, ich bin Lilli Putt und will kein Lilliputaner werden.

Gewächs

Und dann hatte ich eine tolle Idee, wie ich wachsen werde. Eine ganz große und artige, eine großartige Idee.
Im Garten werden doch auch aus ganz kleinen Samen und Sprossen große Pflanzen. Sogar hohe Bäume waren erst Winzlinge, bevor sie wuchsen und wahre Riesen wurden …
Das wollte ich nachmachen.

Ich ging also in unseren Garten, grub ein tiefes Loch, füllte es mit lockerer Blumenerde und stellte mich hinein. In die schönste Sonnenecke. Dann schüttete ich so viel Komposterde in das Pflanzloch, dass ich bis über die Knie darin steckte. Schließlich – das habe ich bei Oma oft gesehen – streute ich eine Handvoll Dünger um mich herum und – das war unangenehm – begoss mich mit Wasser aus der Gießkanne. Immer rauf auf den Kopf. Aber man muss ja gießen, wenn Pflanzen wachsen sollen, sagt Oma immer und singt: „Glücklich ist, wer begießt, was noch zu verändern ist …"
Oder so ähnlich.

Im Urlaub sagte mein Skilehrer auch immer: „Wer vorwärtskommen will, muss gut wachsen!"

Also wollte ich wachsen. Schnell. Stark. Sofort!
So stand ich dann eingepflanzt da. Ich wartete – eine halbe Stunde, eine Stunde …
Ich spürte aber nichts vom Wachsen. Nur die Beine taten weh. Es juckte überall, aber kratzen konnte ich mich ja nicht. Oder habt ihr schon mal einen Apfelbaum gesehen, der sich kratzt?

Es wurde ziemlich langweilig.
Da wollte ich aufgeben, aber ich bekam meine Beine nicht mehr aus dem Loch heraus. Ich war wie festgewachsen.

Entwurzelt

Mir blieb nichts anderes übrig, als laut um Hilfe zu rufen. Opa hörte mich. Erst bekam er einen Schreck, dann lachte er mich aus. Er sagte, er wolle jetzt erst einmal einen Eimer Jauche holen und mir über den Kopf gießen. Das ist gut für das Wachstum. Und dann müsse er mir die Ohren abschneiden. Das macht man bei Pflanzen auch, dass man Seitentriebe kürzt.
Ich begann vor Wut zu weinen.

„Ach", sagte Opa, „da sind ja Tau-Tropfen auf der Pflanze."

Aber natürlich half er mir dann, mich aus der Grube zu befreien. Und er spritze mir den Dreck von den Beinen. „Oder soll ich dich lieber schälen?", fragte er scherzhaft. Mir war aber nicht zum Lachen zu Mute.

Opa wurde dann auch ernst und setzte sich zu mir.
„Lilli, was soll denn dieser Unsinn? Alle Kinder sind doch zunächst noch klein und wachsen dann. Man wächst so lange, bis man etwa 18 Jahre alt ist", erklärte er mir. Dann ist der Mensch er „wachsen".

Das mag ja so sein, aber warum? Und warum sind auch die Erwachsenen unterschiedlich groß. Es wäre doch einfacher, wenn alle gleich wären. Dann brauchte man keine verschiedenen Kleider- oder Schuhgrößen. Und warum verspotten manche Menschen Kleinere?

Ob groß, ob klein – alles kann sein

Opa spürte, dass ich mir ehrlich Sorgen machte, und erklärte mir, warum Menschen unterschiedlich groß sind und dass ein Kleinerer keineswegs weniger Respekt verdient.
„Kinder sind immer kleiner und wachsen mit der Zeit. Das ist beim Menschen, aber auch bei Tieren so. Das Riesen-Känguru im fernen Australien beispielsweise, misst erwachsen fast zwei Meter, das Neugeborene ist aber nicht größer als eine Hummel und wächst erst im Beutel des Muttertieres heran.
Als du geboren wurdest, warst du 53 Zentimeter lang – jetzt bist du ja schon doppelt so groß."

Gut, dass ich kein Känguru bin, das im Einkaufsbeutel von Mama heranwachsen muss. Das habe ich ja nun verstanden. Aber warum sind die Erwachsenen nicht alle gleich groß?

Opa kratzte sich hinter seinen – großen – Ohren und sagte: „Ich versuche mal, dir das zu erklären."

Ich war gespannt, denn ich höre Opas Erklärungen gern zu. Manchmal versteht er nämlich selbst nicht, was er meint.

Mitbringsel von Mama und Papa

Das hängt vor allem mit der so genannten Vererbung zusammen. Es ist sehr, sehr kompliziert, aber du bist ja nicht mehr sooooooo klein, du wirst es schon verstehen", sprach Opa.

"Im Körper jedes Menschen sind nämlich bestimmte Eigenschaften gespeichert. So eine Art Bauplan. Oder wie ein Computerspiel, das man herunterladen oder löschen kann. Die Eltern geben ihren Kindern nun einen Teil dieser besonderen Eigenschaften mit. Wenn der Vater beispielsweise braune Augen hat und die Mutter blaue, dann hat das Kind nicht ein braunes und ein blaues Auge. Es kann braunäugig oder blauäugig sein – oder eine Mischfarbe bildet sich heraus.

Auch mit der Hautfarbe ist es so. Ist der Papa ein schwarzer Afrikaner, die Mutter eine Weiße, dann mischt sich in der Regel beim Kind die Hautfarbe."

Das wusste ich. Salli aus der Parallelklasse war so ein Kind und hatte viel dunklere Haut als ich, aber hellere als ihr Papa.

"So ähnlich ist es auch mit der Körpergröße. Ist ein Elternteil sehr groß, der andere kleiner, dann kann das Kind entweder groß oder klein oder ein Zwischending werden. Das beeinflussen bestimmte bestimmende Bausteine im Körper, die man Gene nennt. Gene bewirken, dass

Gene – winzige Mitbringsel von Mama und Papa, …

… welche als DNA (1) in den Chromosomen (2) jeder organischen Zelle (3) gespeichert sind.
Die DNA einer einzelnen menschlichen Zelle ist etwa 1,80 m lang.

Eigenschaften und Strukturen von den Eltern auf die Kinder übertragen werden. Deshalb sehen Kinder den Eltern oft sehr ähnlich, aber gleichen ihnen nie völlig. Der

Grund: Weil immer eine ‚Mischung' aus Papa und Mama entsteht."

Also bin ich ein „Pama" oder „Mapa"!

Geh'n trotz Gen

Opa war jetzt aber nicht mehr zu bremsen. Ich hörte zu, ohne mich zu langweilen und zu gähnen. Zum Glück hatte ich kein Gähn-Gen geerbt.

„Es kommt noch hinzu, dass man die ererbten Anlagen, also gleichsam den Bauplan, das Computerprogramm, beeinflussen kann. Wenn Mama und Papa beide ziemlich dick sind, haben auch die Kinder eine Neigung, später übergewichtig zu sein. Sie müssen aber keine ‚Dick-tatoren' werden. Wenn sie aber vernünftig essen und sich ausreichend bewegen, kann sich diese Veranlagung nicht auswirken. Trotz der Dickmacher-Gene kann das Kind schlank bleiben – so wie du", schmeichelte er mir.

Und so sei es auch mit der ererbten Anlage dafür, wie groß oder klein man einmal wird. Wenn Menschen zu wenig zu essen haben oder sich falsch ernähren, dann wachsen sie trotz des Erbgutes auch nicht so sehr, erfuhr ich.

Also – da brauche ich mir keine Sorgen zu machen. Am Essen mangelt es bei mir nicht. Ich esse gern und viel und gern viel. Oma sagt manchmal, ich muss wohl in einer Ess-Bahn geboren worden sein. Oder im Speisewagen. Was natürlich Quatsch ist.

Opas Erklärungen haben mich beruhigt. Meine Eltern sind ziemlich groß. Sie reichen vom Fußboden bis zum Kopf. Also wird das bei mir mit dem Gen schon geh´n. Ich werde noch kräftig wachsen. Auch ohne Komposterde, Kunstdünger und Jauchegüsse.

Frohen Mutes bedankte ich mich bei Opa. Er ist ja schließlich auch mein Groß-Vater, kein Klein-Vater.
Beruhigt ging ich schlafen. Aber – sicher ist sicher. Ich wag´s.
Ich stellte doch zwei Kerzen auf meinen Nachttisch.
Zwei Wachs-Kerzen!

Gefährliche Gefährten

Die drei Helden standen am Swimmingpool des Urlaubshotels. Urlaubsbekanntschaft, ganz frisch. Heiko, Lukas und Ingo fühlten sich als Halbstarke. Sie waren aber höchsten viertelstark. Soeben hatten sie sich erst kennen gelernt und gaben nun an wie ein Sack voller Flöhe. Man weiß ja: Wer angibt, hat mehr vom Leben. Wer abgibt, hat weniger, wer aufgibt, hat gar nichts. Die drei gaben weder ab noch auf. Sie spielten sich auf.

„Mein Vater hat das schnellste Auto! Das macht gut 300 Kilometer!", behauptete Heiko. Die anderen staunten. Was er nicht sagte war: Nicht 300 Kilometer in der Stunde, sondern am ganzen Nachmittag.

Lukas als der zweite im Bunde trumpfte auf: „Meine Oma hat so lange Haare, dass sie bis auf den Fußboden fallen!" Wieder folgte respektvolles Staunen. Was er verschwieg: Oma trug Perücke, und die

Ist das Mundwerk auch oft lose, rutscht das Herz schnell in die Hose.

fiel – wenn sie nicht aufpasste – manchmal wirklich auf den Boden.

Jetzt war der Ingo dran. „Wir haben", sagte er stolz, „die größte Flasche der Welt in unserem Hause!" Er klang überzeugt, er war sich auch sicher. Sein Vater hatte schon mehrfach zu seinem großen Bruder gesagt: „Du willst ein Fußballer sein? Du bist die größte Flasche der Welt!" Die drei schwiegen.

Wer war nun der Sieger ihrer Angeberei? Es war wohl ein Unentschieden. Sie versuchten es weiter.

Mu-Tiger

„Mein Vater", sagte Heiko nach einer kurzen Pause, „kämpft mit ganz gefährlichen Tieren. Er ist in unserem Zoo Tierarzt bei den Tigern." Ja, das war schon etwas, wofür man Mut braucht.

Lukas reckte sich hoch: „Mein Vater kämpft mit viel gefährlicheren Tieren. Die haben schon viele Menschen verletzt und sogar getötet. Er ist Hochseefischer und trifft dabei auf gefährliche Haie!"
Das saß. Mehr konnte es doch nicht geben.

Doch Ingo als der Dritte im Bunde lächelte verschmitzt und sagte: „Gut, das finde ich ja spannend. Aber mein Vater, der kämpft mit Tieren, die schon Hunderte, ja viele Tausende von Menschen getötet haben. Und noch immer töten!"

Großes Staunen, auch etwas Angst in den Augen der beiden.
„In Afrika, in der Wildnis?"
„Nein", meinte der stolze Sieger in diesem Streit, „einfach bei uns zu Hause!"

Also: Was zu viel geflunkert ist, das ist zu viel. Die beiden anderen wollten sich schon zornig von ihrem neuen Freund abwenden, als er anbot: „Ihr könnt euch ja selbst überzeugen. Kommt doch heute abend in unser Haus. Mein Papa arbeitet hier. Er wird da sein – und die gefährlichen Bestien auch!"

Was würdet ihr tun? Würdet ihr so ein gefährliches Treffen wagen? Mit Tieren, die für den Tod vieler, vieler Menschen verantwortlich sind? Wahrscheinlich hielt der Mann sie in einem eisernen Zwinger. Oder sie hatten Ketten um die Füße. Oder sie hielten im schönsten Sommer Winterschlaf. Oder sie hatten Maulkörbe um. Oder, oder, oder …

Zwar schlotterten den beiden vor Angst die Knie, aber sie gaben das natürlich nicht zu. Jungen eben! „Gut, wir kommen", klang es kläglich aus beider Mund. „Puh! Wir haben doch keine Angst vor gefährlichen Tieren – oder nur bisschen, oder nur manchmal, oder nur allein …!"

Raubtierschau

Der Abend nahte. Die neuen Freunde kamen tatsächlich. Heiko hatte heimlich ein Taschenmesser in die Hose gesteckt. Sicher ist sicher. Lukas trug zum Schutz einen Safarihelm und hatte seinen Schützt-mich-vor-allem-Stein bei sich. Man weiß ja nie.
Der Papa öffnete selbst die Tür. Ingo hatte ihn natürlich informiert. Die beiden Gäste waren überrascht. Da stand kein muskelbepackter Riese wie Boxweltmeister Klitschko vor ihnen, der vor Kraft kaum laufen konnte. Ingos Papa war eher klein und schmächtig. Aber er hatte so ein verschmitztes Lächeln um den Mund. Die beiden wurden mutiger und traten ein. „Und, und, und wo sind nun die Bestien?", wagte Heiko zu fragen. Eigentlich wollte er es ja gar nicht wissen. Je weiter weg die waren, desto besser. Aber er konnte doch nicht feige sein.

„Kommt", sagte der So-gar-nicht-wie-Klitsch-k.o.-Ausseh-Typ und ging ins Haus.
Gleich wird es passieren. Gleich stehen sie ihnen gegenüber. Bald atmen sie die Gefahr. Bald werden sie scharfe Krallen, Reißzähne, Muskelpakete sehen … Nichts davon!

Ingos Papa setzte sich an seinen Schreibtisch, auf dem ein Gerät stand, das wie ein aufgeschraubtes Fernglas aussah. Und endlich löste er das Rätsel.

Mikroskop ist wie ein Fenster in ein Nest der Klein-Gespenster. Sind auch diese herrlich klein, können sie gefährlich sein!

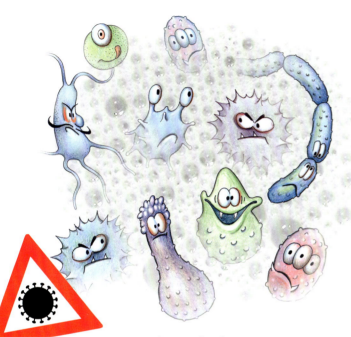

Kaum zu sehen, doch zu spüren,
sind Bakterien und auch Viren.
Hände waschen, Essen säubern,
schützt vor diesen kessen Räubern.

Versteckte Biester

Ingo hat völlig recht: Die Tiere, mit denen ich mich befasse, sind viel gefährlicher als alle Tiger, Haie, Riesenschlangen – und Gummibärchen – zusammen."
Er wartete einige Sekunden, dann sagte er: „Es sind Bakterien, winzig kleine Lebewesen, die man ohne Hilfsmittel gar nicht sehen kann. Sie sind oft äußerst gefährlich, denn sie können Menschen krank machen. Sehr krank sogar – wenn man sich nicht gegen sie wehrt."

Und Ingos Papa ging zu dem seltsamen Fernrohr. „Das ist ein Mikroskop, das vergrößert die kleinen Bestien so, dass man sie sehen kann!" Die beiden schauten hindurch. Da war nichts von Zähnefletschen zu sehen, kein blutiges Kampfgetümmel. Es sah nur aus wie Staubkörnchen, was sie entdeckten.

Das also waren die gefährlichen Bestien? Irgendwie waren sie enttäuscht, aber doch auch sehr interessiert.

Ingos Papa erklärte: „Es gibt unvorstellbar viele Bakterien. Sie kommen überall in der Welt vor, sogar in den trockensten Wüsten, in heißen Quellen, in der Luft, auf dem Essen – sogar in unserem Darm. Die allermeisten sind harmlos, wirklich wie Staubkörnchen. Einige aber – und das sind dann eben die gefährlichen Bestien – können auch beim Menschen schwere Krankheiten auslösen. Vielleicht habt ihr schon von der Lungenentzündung gehört, vom Wundstarrkrampf, Keuchhusten oder der Blutvergiftung. Bakterien sind auch dafür verantwortlich, dass Wunden eitern. Und: Ihr habt doch sicher in jedem Jahr Erkältungen mit Husten, Schnupfen und Fieber durchlitten – auch das sind meist Werke der Bakterien!"

Die beiden Jungen begreifen, dass Ingo Recht hatte. Diese Tierchen sind wirklich gefährlicher als Löwen, Haie oder Riesenschlangen.

Schutz statt Schmutz

"Man kann Bakterien natürlich nicht einsperren oder mit Maulkörben ungefährlich machen", belehrte Ingos Papa. Man muss sie auf anderem Wege bändigen. Er erklärte, dass sie durch Husten, Händedruck, Gegenstände, Nahrungsmittel, Eis, Getränke und anderes von einem Erkrankten auf Gesunde übertragen werden können. "Das nennt man Ansteckung!" Und das sei die besondere Gefahr, die von diesen Lebewesen ausgehe. Deshalb sei es so wichtig, dass man

- sich gegen die gefährlichsten Bakterien-Krankheiten impfen lässt, denn das wirkt wie ein Maulkorb für diese Biester;

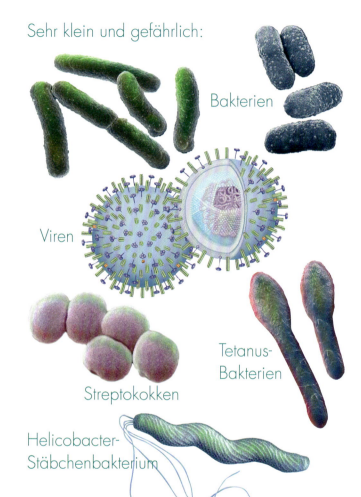

Sehr klein und gefährlich: Bakterien

Viren

Streptokokken

Tetanus-Bakterien

Helicobacter-Stäbchenbakterium

- viel Sport treibt, oft an der frischen Luft ist und sich gesund ernährt, denn das macht den Körper stark gegen seine Feinde;
- sich durch richtige Kleidung vor Unterkühlung schützt, weil diese den Bakterien das Eindringen in den Körper erleichtert;

- bei Erkältungen möglichst keine Hände schüttelt und beim Husten oder Niesen ein Taschentuch vor Mund und Nase hält, um die Ausbreitung der Erreger zu verhindern;
- die Hände gründlich säubert, da sich auf ihnen oft diese Bakterien wohlfühlen;
- Obst und Gemüse aus dem gleichen Grunde vor dem Essen abwäscht;
- eventuell auch ohne Proteste bittere Medizin schluckt;
- verständnisvoll alles das macht, was der Arzt rät;
- man keine Angst vor der (jährlichen) Grippe-Schutzimpfung haben sollte. Der kleine Piks tut bei den heutzutage genutzten Kanülen nicht weh. Er ist kaum schlimmer als ein Mückenstich. Aber die Impfung kann vor der schweren, oft monatelangen Beschwerden bei der echten Grippe schützen.
- Beim Husten und Niesen soll man nicht – wie es viele Meisterhuster gerne raten – in die hohle Hand husten, sondern am besten in die Ellenbeuge. Mit der Hand begrüßt man eventuell andere Menschen oder berührt Gegenstände. Dadurch können Viren übertragen werden, die dann zu neuen Erkrankungen führen.
- Man sollte dem Schnupfen etwas husten, aber der Husten sollte einem nie völlig schnuppe sein.

Dann könne man zwar keinen Orden als Löwenbändiger bekommen, aber zum Bakterienbändiger-Obermeister werden.
Ingos Papa erwähnte noch: „Es gibt auch winzigere und gefährlichere Lebewesen, die ich nicht einmal unter diesem Mikroskop sehen kann. Das sind die Viren!"

„O ja", rief da Heiko aus. „Die kenne ich! Meine Mutti hat immer schon gesagt, ich soll aus der Schule nur keine Vieren und Fünfen nach Hause bringen!"
Der Papa lachte laut auf.

„Viren, nicht Vieren. Aber es stimmt, auch die solltet ihr möglichst nicht mit nach Hause bringen."

Die drei hatten jetzt ein Ziel.
Sie wollten böse Viren niemals spüren!
Keine Ferien mit Bakterien!

Husten Schnupfen **Heiterkeit**

Die Schule für Husten-Meister

- Natürlich – husten kann jeder. Husten muss jeder. Husten muss man eigentlich nicht lernen. Aber eigentlich sollte man es doch. Man sollte lernen, im richtigen Moment in richtiger Weise so richtig schrecklich zu husten. Vor allem, wenn man die Nase voll hat.
- Das bringt Vorteile. Beispielsweise in der Schule. Wenn eine Klassenarbeit angesetzt wurde, dann kann ein geübter Husten-Artist kurz davor so Mitleid erregend husten, dass die Lehrer ihn bedauern und von der Prüfung freistellen.
- Oder wenn man zuhause die teure Vase zerbrochen hat, dann kann ein gekonnter Hustenanfall den Zorn der Eltern dämpfen – die Vase ist in einem schweren Hustenanfall zu Boden gegangen.
- Oder wenn Tante Tilly zu Besuch kommt, die immer so viele Ratschläge bereit hält und ständig nervt. Mit einem gekonnten Husten kann man sich prima zurückziehen und braucht sich nicht abküssen zu lassen.
- Wenn man gekonnt seine Husten-Symphonie ertönen lässt, dann spurt Oma sofort und es gibt wunderbaren Kakao. Und Hustenbonbons. Und zusätzliche Fernseh-Erlaubnis.

Medizinal**Rat**

- Der Begriff „Erkältung" ist eigentlich falsch, denn nicht die „Kälte" ist die Erkrankungsursache, sondern es sind Viren oder Bakterien. Die feucht-kalte Witterung führt dazu, dass diese Krankheitserreger leichter durch die Schleimhaut in den Körper eindringen können, da die Durchblutung durch die niedrigen Außentemperaturen vermindert ist.
- Nicht jede Erkältung ist harmlos. Viele andere Infektionskrankheiten beginnen zunächst mit Beschwerden, die wir auch von der akuten Atemwegsinfektion kennen.

Mein schlimmstes Ferienerlebnis

Ein Aufsatz einer etwas aufsässigen Schülerin

Ferien sind wunderbar. Ferien sind mein Lieblingsfach in der Schule. Ferien könnten noch schöner sein, wenn es nicht immer nach den Ferien einen Aufsatz zu schreiben gäbe. Über das schönste Ferienerlebnis. Unsere Lehrerin versprach uns, dass sie das nicht machen würde. Versprochen. Und sie hielt Wort. Wir bekamen ein anderes Thema. Nämlich: Mein schlimmstes Ferienerlebnis! Ich weiß nicht, ist „schön" schlimmer oder „schlimm" schöner? Was blieb mir anderes übrig. Ich schrieb. Ich hatte ja etwas zu berichten. Etwas Schlimmes – zum Glück!

In den Ferien sind wir uns wieder begegnet: Polly und ich. Eigentlich hatte ich gehofft, dass wir nie wieder aufeinanderstoßen würden. Dass wir uns aus dem Wege gehen könnten. Ich habe nämlich die Nase voll von Polly. Ich mag sie nicht. Sie ist mir schnuppe, und ich würde ihr gern etwas husten. Sie sollte sich fernhalten von mir. Das war mein großer Wunsch, aber Polly tat es nicht. Sie traf mich. Ganz plötzlich. Mitten in den Ferien.

Ich kenne Polly inzwischen recht gut. Dabei habe ich sie aber noch nie gesehen. Ich weiß nur, dass sie da ist. Leute, die sie genau kennen, sagten mir, dass sie sehr klein ist. Und kugelrund. Und gefährlich. Und schnell. Und ärgernd und störend. Und, und, und … Sie ist lästig und ziemlich schlimm. Sie ist schlimmer noch als die kleine runde Saskia in meiner Klasse, die mich immer nervt und ärgert. Aber der kann ich wenigstens aus dem Wege gehen.

Gut, man braucht Polly, sagen die Leute. Ohne sie gäbe es viel Not und Hunger. Das mag ja alles sein, aber ich mag sie trotzdem nicht. Sie nicht – und auch nicht ihre unzähligen gleichartigen und gleich unartigen Geschwister.
Polly wurde zu meiner schlimmsten Ferienbekanntschaft.

Goldrute, Buche, Linde, Gras, Esche, Liguster, Ambrosia, Lupine, Beifuß

Wer ist Polly?

Wo Polly wohnt? Das weiß ich nicht. Wohl überall, vor allem im Wald oder auf der Wiese oder im Park.

Polly ist natürlich kein Mädchen, auch kein Junge. Kein Mensch. Polly ist ein winzig kleines Pollenkorn, ein Körnchen Blütenstaub. Ein Körnchen aus Baum- oder Gräserblüten, das bei mir eine so genannte

Allergie auslöst. Allergie, das ist auch kein Mädchenname, sondern eine Überempfindlichkeitsreaktion.

Schon wenige dieser Pollenkörner können bei mir eine schlimme Wirkung haben. Kleine Ursache, große Quälerei. Ich bekomme Schnupfen, die Nase läuft wie ein Marathonläufer. Meine Augen tränen, obwohl ich gar nicht weine, wenn mir auch zum Heulen zu Mute ist. Ich bekomme starke Kopfschmerzen (Nicki ärgert mich dann immer und sagt, das sei ein Strohfeuer, weil ich ja nur Stroh im Kopf hätte). Aber das alles ist nicht lustig. Mir fällt dann auch das Atmen schwer. Und manchmal treten auf meiner Haut auch rote Flecke auf – vor allem wenn ich eine Blume angefasst habe.

Allergierig

Mein Doktor sagt, das ist die Krankheit „Hatschi-Schnief-Schneuz-Auweia". Blödsinn, das weiß ich natürlich. Es ist eben eine Allergie auf diese Pollen, die im Frühling und Sommer überall in der Luft auftreten können. Auch in den Städten, wo es doch kaum Heu, sondern mehr Häu-ser gibt. So eine Allergie kann einem schon die Ferien verderben. Nichts ist mit Waldlauf, Radfahren durch Wiesen, Joggen durch blühende Landschaften. Auch Nachbars Katze Donna Mautz durfte ich nicht streicheln. Die alte Katzendame haarte, und Katzenhaare harren nur auf meine allergische Reaktion. Immer nur niesen statt genießen.

Ich musste auf viel Spaß verzichten.
Das war mein schlimmstes Ferienerlebnis.
Aber es wird ein gutes Ende nehmen.

Pollitour

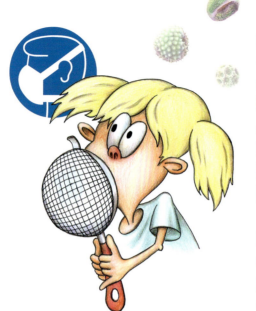

Zum Glück gibt es gegen Allergien wirksame Medikamente. Diese lindern die Beschwerden. Man muss sie allerdings in der Blütezeit immer bei sich haben.
Mein Doktor hatte aber eine viel bessere Idee. Man kann sich nämlich an die lästige Saskia – und auch an die ärgernden Pollen „gewöhnen". Mit Spritzen (ja, das ist auch nicht ganz angenehm), aber auch durch äußerlicher Anwendung über die Mundschleimhaut von kleinen Mengen der so genannten Allergene kann man den Körper überlisten, so dass er im Frühling die Pollen nicht mehr als fremde Eindringlinge bekämpft. Dafür gibt es einen medizinischen Fachbegriff, aber gegen komplizierte Fremdworte bin ich allergisch.

In diesem Jahr wird diese Gewöhnungsbehandlung bei mir beginnen. Und – im nächsten Jahr habe ich dann wahrscheinlich kaum noch Beschwerden. Ich bekomme dann weder neu Schnupfen noch Heuschnupfen. Und ich werde dann im Freien spielen können, ohne abends die Nase davon voll zu haben.

Wenn ich weiter Fortschritte mache, dann werden wir demnächst eine schöne Ferien-Urlaubsreise machen.

Und zwar nach Allergien.
Oder heißt das Algerien?
Das ist mir doch dann schnuppe!

MedizinalRat

- Eine Allergie ist kein einheitliches Krankheitsbild. Es hat unterschiedliche Ursachen und zeigt unterschiedliche Symptome (Haut, Lunge, Darm u.a.). Gemeinsam ist allen Allergien, dass sie eine überschießende Reaktion auf äußerlich zugeführte oder einwirkende Fremdstoffe (vor allem Eiweiße) darstellen.
- Allergien sind keine Seltenheit, sie können in jedem Lebensalter auftreten. Etwa 30 Prozent der Menschen weltweit leiden unter Allergien unterschiedlichen Grades mit unterschiedlichen Beschwerden.
- So genannte Allergien vom Sofort-Typ wie Heuschnupfen und Asthma kommen vor allem bei jüngeren Menschen vor. Die Spättyp-Allergien wie Hautekzem oder Neurodermitis bevorzugen das Erwachsenenalter (ab dem 40. Lebensjahr).
- Es gibt inzwischen gut wirksame Arzneimittel gegen allergische Reaktionen, die weitaus weniger Nebenwirkungen als frühere Präparate haben.
- Besser als jede Therapie ist die Prophylaxe. Das bedeutet in diesem Falle, die auslösenden Allergene (z.B. bestimmte Nahrungsmittel, Tierkontakte) möglichst zu meiden.
- Es stimmt, dass „übertriebene" Sauberkeit und überspitzte Hygiene bei Kindern die Gefahr für manche Allergien verstärkt. Kinder, die auf Bauernhöfen Kontakt mit Tieren und Darmbakterien hatten, leiden weniger an Allergien – dafür aber möglicherweise an anderen Krankheiten. Sauberkeit ist also trotzdem unverzichtbar.
- Die oft erwähnte „Sonnenallergie" gibt es nicht. Das ist keine echte Allergie, sondern eine Überempfindlichkeit der Haut (Mallorca-Akne).

Wenn in grünen Ecken wir die Zecken wecken

Timmi liebt Tiere. Vor allem Haustiere. Er kann nicht genug von ihnen bekommen – zum Ärger seiner naserümpfenden Eltern. Haustiere benutzen ja bekanntlich kein Parfüm. Sie gehen auch nicht zur Kosmetik, so wie die dufte duftende Mama. Tierchen riechen halt oft. Im Ställchen im Garten stapeln sich die verschiedenen Duftmarken.

Timmi ist das egal, seine Nase ist schon abgehärtet. Wer Tiere so liebt wie er, muss das ertragen.

Haustiere vor der Haustüre – das gefällt dem kleinen Tiernarren. Timmi hat drei Kaninchen, eine Katze nebst zugehörigem Kater, zwei Meerschweinchen, die immer mehr Schweinchen werden, einen singenden Kann-Arienvogel (der „kann Arien", daher der Name), ein Dutzend Fische mit Wasserflöhen im Aquarium. Er besitzt auch noch zahlreiche Gummibärchen, eine Streuselschnecke und eine Computer-Maus, doch das zählt ja wohl nicht. Früher hatte er auch einmal Hamster gehamstert, aber als aus den ursprünglich zwei Tieren plötzlich 23 wurden, enthamsterte er sich auf strikten Befehl der entsetzten Mama.

Husten Schnupfen **Heiterkeit**

Natürlich hätte Timmi gern noch ein Pony, einen Papa- oder Mamagei, einen Schäferhund-Dackel-Mops-Pudel und ein Einschlaf-Schaf.
Aber hierin waren sich beide Eltern einig: Das geht nicht! Vielleicht bekäme er später allenfalls ein Schwesterchen – aber das wollte Timmi nicht. Er hatte ja keinen Platz mehr im Stall.

Gefährliches Tier vor der Tür

Und dann bekam Timmi doch ein neues Tier. Eines, das er gar nicht wollte. Das ihm gar nicht gefiel. Es konnte es nicht streicheln oder mit ihm spielen. Es störte ihn nur. Es gefährdete ihn sogar. Ein bissiges Biest, wenn auch winzig klein. Und das kam so:
Da war zunächst die erste Bedrohung mit dem Erreger, Timmi war mit seinen Eltern im Park spazieren. Immer schön die gepflegten Wege entlang. Den Eltern gefiel das. Sie nannten es Entspannung. Nun gut, zwar mochte Timmi das gar nicht gern. Aber er machte das Beste daraus. Timmi sagte, er sei jetzt eine Schnecke und müsse von Busch zu Busch kriechen. Schön langsam. Mit einem runden Buckel wie ein Schneckenhaus. Und im Mund hatte er zwei Strohhalme. Das sollten die Fühler sein. Ihm machte das einen Riesenspaß. Zwar fressen Schnecken kein Himbeereis, aber Mama hatte ihm welches versprochen, wenn er diesen öden Spaziergang mit den Eltern mitmachte. Deshalb schimpfte sie auch nicht, als sie sah, dass seine dunkelblaue Hose in Kniehöhe inzwischen wirklich erdfarben war. Er könnte sie später vielleicht als Blumentopf benutzen.

Timmi fand die Schneckentour lustig. Und plötzlich wurde sie sogar aufregend. Ein Schnecken-Schrecken. Aber das merkte er erst daheim.

Mama zog ihm die verdreckte Hose und das versandete T-Shirt aus. Dann schrie sie voller Entsetzen auf!

Timmi riss vor Schreck Mund und Augen auf. „Da", rief Mama zu Papa, „da ist eine!" „Hat er sich doch solch ein Vieh eingefangen."
Timmi glaubte zu träumen. Welches „Vieh" sollte er

Husten Schnupfen **Heiterkeit**

wie wo und wann eingefangen haben? Und wo ist das Tierchen jetzt?

Unerwünschte Gäste

Mama und Papa aber fanden das gar nicht lustig. Sie schauten beide sehr ernst auf Timmis Nacken. „Du hast dir im Park eine Zecke eingefangen!", sagte Papa schließlich. „Eine kleine Zecke. Man nennt sie auch ‚Holzbock'. Es ist zwar ein Tier, aber kein wirklich liebenswertes Haustier!"

Timmi bekam ein klein bisschen große Angst. „Was …, was sind das für Tiere?" Ziegenböcke kannte er. Aber Holzböcke? Reißzwecken kannte er auch. Aber reizende Zecken?

Gestatten,
mein Name ist Zecke

Helfen wir Timmi – und beruhigen ihn, aber warnen ihn auch. Zecken sind ganz kleine Tierchen, die im Gestrüpp, auf langen Grashalmen oder auf kleinen Bäumen leben. Sie haben zwar Beine, aber können nicht rennen. Zecken ernähren sich vom Blut bestimmter Tiere – und eben auch vom Menschen. Dabei durchbeißen sie die

Haut und tauchen mit dem ganzen Kopf in die kleine Bisswunde ein. Durch das aufgenommene Blut wird ihr ganzer Körper immer dicker, wie eine Fußballblase, die man aufpumpt. Haben sie genug Blut getrunken, lassen sie sich einfach wieder fallen. Komische Essmanieren, stimmt's?

Timmi wurde blass wie ein ausgelutschter Kaugummi. „Muss ich jetzt verbluten? Saugt diese dämliche Zecke mich jetzt aus?", jammerte er.
Natürlich nicht. Die Eltern beruhigten den verängstigten Bodenkriecher. „Es ist ja nur

immer ganz, ganz wenig Blut, was eine Zecke braucht. Aber …"

Timmi hatte schon ein Aber befürchtet.

„Die Zecken haben manchmal eine Besonderheit. Sie haben gleichsam auch eigene ‚Haustiere', die in ihnen leben. Es sind keine richtigen Tiere, sondern Bakterien. Mit bloßem Auge kann man sie nicht sehen. Aber wenn eine Zecke zubeißt, dann kann sie diese unliebsamen Untermieter an den gebissenen ‚Wirt', den sie befallen hat, weitergeben. In dessen Blut vermehren sich dann diese Bakterien. Und das ist nicht harmlos. Die speziellen kleinen Erreger können sehr schwere und langdauernde Krankheiten mit bösen Folgen auslösen. Beispielsweise Lähmungen und anderes mehr."

Aber mit allem Nachdruck sei es gesagt: Diese Folgen sind selten. Und man kann sie vermeiden.

Erste und beste Hilfe

Nicht jede Zecke hat solche „Untermieter". Nicht jeder Zeckenbiss ist also eine Gefahr. Aber man weiß eben nie, ob diese Zecke harmlos ist. Wer besonders gefährdet ist (wie Förster) oder in besonders bedrohten Gebieten unseres Landes lebt, den kann man auch gegen diese Erreger impfen.

Borreliose (Lyme-Borreliose) ist die häufigste durch Zecken übertragene Infektionskrankheit, die durch schraubenförmige Bakterien, die sogenannten Borrelien, ausgelöst wird.

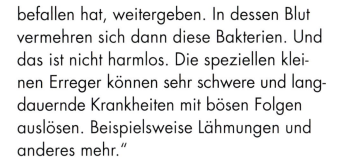

Man sollte also die Haut nach einem derartigen Ausflug gründlich betrachten, selbst oder durch die Eltern. Vorsorglich sollten Oberkörper und Arme wie auch Beine beim Toben in der Natur bekleidet bleiben. Auch helle Kleidung ist günstig.

Wenn man bei sich oder anderen nach dem Spielen im Park, Wald oder Garten einen solchen unerwünschten „Gast" entdeckt, dann muss er sofort entfernt werden. Aber das sollte Timmi nicht allein tun. Die Biester haben sich mit ihrem Gebiss fest in der Haut verankert. Mama und Papa besitzen vermutlich daheim in der Hausapotheke eine besondere Zange, mit der man die Zecken gut entfernen kann. Dann droht auch keine Gefahr für Timmi – nur für die dreiste Zecke.

Timmi war erleichtert. Er möchte wirklich keine Blutsauger durchfüttern.

Übrigens wollte er gleich morgen früh das Fell der Katzen gründlich untersuchen. Zum guten Zwecke wegen der schlechten Zecke. Auch bei denen können sich nämlich Zecken einnisten. Und seinen Haustieren will Timmi nicht erlauben, eigene Haustiere zu halten, auch wenn es nur zig zeckige Holzböcke wären.

MedizinalRat

- An der von Zecken übertragenen Frühsommer-Meningo-Enzephalitis (FSME) erkranken jährlich etwa 250 Menschen in Deutschland.
- Mit der Borreliose, der weiteren durch Bisse infizierter Zecken verursachten Erkrankung, kann man sich hingegen in allen deutschen Bundesländern anstecken. Jährlich gibt es Zehntausende Erkrankungsfälle in Deutschland. Borreliose-Kranke sind nicht ansteckend.
- Gegen FSME kann man sich impfen lassen, gegen Borreliose nicht.

Rauchverzehrer
Eine seltsame Geschichte

Plötzlich war sie da. Sonntag am Nachmittag, als die ganze Familie kauend, schlürfend, quatschend und rauchend am Kaffeetisch saß und ich mich dabei – wie immer – langweilte.

Da tauchte sie im Nebel der qualmenden Raucher auf. Eine Fee. Eine gute Fee. Ich sah sie im Qualm, aber wohl nur ich. Sie sah mich und meine Schwester Tina freundlich an. „Hey, Nico und Tina, wie geht es euch?", fragte sie. „Weilt ihr euch lang? Gefällt euch eure Rolle als Rauchverzehrer?"

Benebelt

Ich schüttelte heftig meinen Kopf. Ich mag Rauchen nicht. Mich stinkt Rauchen an. Ich könnte allen Rauchern etwas husten. Aber Papa und meine große Schwester Tina qualmen wie Fabrikschornsteine.

Oder wie aktive Vulkane, wie ich einen während der Urlaubsreise nach Sizilien gesehen habe. Oder wie die Feuer speienden, märchenhaften, mehrköpfigen Drachen aus meinem Lieblingsbuch.
Sie wollten schon so oft aufhören damit. Sie wissen ja, dass Rauchen schädlich ist. Und ohne Rauch geht`s auch. Papa sagt immer: „Wenn ich aufhören will mit dem Rauchen, dann kostet mich das so viel Kraft – da muss ich erst einmal eine Zigarette anstecken!"

Schlimm, denn ich muss ja den Qualm der Raucher ungewollt auch einatmen, wenn ich in deren Nähe bin. Ich bin gleichsam ein Rauchverzehrer. Ein armer Schlucker. Ein ungewollt Mitrauchender.

Zigaretter

„Soll ich Euch ziga-retten?", fragte die zauberhafte Fee, die inmitten der grauen Rauchschwaden kaum zu erkennen war. „Du hast einen Wunsch frei!"
Prima, habe ich doch endlich eine Wunsch-Fee getroffen.
Hoffentlich war das kein Werbe-Gag einer dreisten Firma, die uns öfter anrufen und erzählen, wir hätten ein belegtes Brötchen oder ein Auto gewonnen – wenn wir umgehend zwanzigtausend Euro einzahlen würden. Oder so ähnlich.

Was sollte ich mir wünschen? Ein Kätzchen, das sprechen kann – aber das verrät dann meine kleinen großen Geheimnisse. Ein Fahrrad mit Flugzeugmotor? Aber Mama hat ja sowieso immer Angst, dass ich hinfliege. Selbsttätige automatische Boxhandschuhe? Eine Cola-Flasche, die sich nie leert und Mama belehrt? Eine Zahnpasta, die man nur einmal pro Jahr benutzen muss – und dann Zahn: basta? Oder ich wünsche mir für Papa und Tina Zigaretten, die nicht qualmen. Bei denen soll dann der Rauch in ihrer Lunge bleiben. Geruchlose rauchlose Raucher. Sie stören die anderen dann nicht.

Rauch-Freiheit

Die Fee rollte mit den schönen tränenden Augen. „Möglich ist das schon, aber dein Papa kauft die Zigaretten ja immer woanders – je nachdem, wo die Schmuggler stehen. Und so viel Zeit habe ich nicht, um dann immer vor Ort zu sein. Ich habe schließlich als Potter-Fee noch einen Feerien-Job."
Und außerdem sei der Qualm ja nur eines der vielen Probleme beim Rauchen, denn Ta-Backware enthält viele gesundheitsschädigende Stoffe.

Die Fee erklärte mir deshalb. Im Rauch sind vor allem Teer (der die schwere Krankheit Krebs auslösen kann), feine Staubteilchen (die die Atmung behindern), giftiges Kohlenmonoxid (ein Gas, das zur Erstickung führen kann), das starke Blutgefäß-Gift Nikotin, aber auch andere Gifte wie Blausäure enthalten. Sie werden von der Lunge aufgenommen, vor allem, wenn man den Rauch mit tiefen Atemzügen einatmet.

Teeroristen

Ich will dich überzeugen, Nico. Bitte doch deinen Papa einmal, von einer Zigarette (ohne Filter) einen tiefen Zug zu nehmen und dann mit spitzem Mund, wie beim Pfeifen, den Rauch langsam durch ein weißes Taschentuch zu blasen. Du wirst einen braun-schmutzigen Teerfleck sehen. Nur bei einem einzigen Zug. Bei Rauchern, die 20 Jahre zur Zigarette greifen, sammeln sich so eine volle Tasse Teer und etwa 6 Kilogramm Staub an. Das muss der Körper ‚entsorgen'. Und die Filter können den Schmutz nicht zurückhalten. Sie gefährden sogar zusätzlich durch weitere Staub-Absonderung."

Ich wurde richtig blass. Wie können die Raucher nur so leichtfertig sein? Das Wort „dumm" wollte ich gegenüber Papa nicht anwenden. Aber eigentlich …

„Mehr als zwanzig verschiedene Krankheiten werden nachweislich durch das

Husten Schnupfen **Heiterkeit**

Rauchen begünstigt, darunter einige sehr schwere, die die Lebenserwartung deutlich verringern, bei durchschnittlichen Rauchern um etwa sechs Jahre!"

Ich wollte davon gar nichts mehr hören. Mir reichte es reichlich.

Die Fee ließ nicht locker:
„Und das schadet auch Nichtrauchern, die sich in der Nähe von Qualmenden aufhalten müssen!"

Nie mehr!

Da war mir alles klar. Mein Wunsch stand fest. Im Interesse von Papa und Tina, aber für mich.

„Also, Frau Fee, ich wünsche mir, dass Papa und Tina **nicht mehr rauchen!** Ab sofort. Und unwiderruflich."

Nicht mehr rauchen!

Ich würde also schaffen, was Papa und Tina selbst nicht bewältigten. Obwohl sie es schon mehrfach versucht hatten. Rauchfrei macht auch frei.

Die Luft würde sauber, Papas Husten verschwände, die Nasen genesen, Tinas Taschengeld könnte sich erholen, die braunen Finger werden wieder hell, Papas Anzug würde nicht mehr wie ein Räucheraal duften, beim Sonntag-Nachmittag-Familien-Pflicht-Kaffee-und-Kuchen-Tisch könne man sich wieder sehen und erkennen. Und wir blieben gesund. Papa weite seinen Spezial-Marathon von 42 Metern wieder aus und liefe nicht mehr 20 Meter in 100 Sekunden sondern wieder 100 Meter in 20 Sekunden.

Es würde schön. Nie mehr Qualm in unserer Wohnung.

Fee-rsagen

Aber – ich wartete vergebens. Beide rauchten weiter wie frisch angeheizte Grill-Öfen. Unverändert.

Wütend wandte ich mich per E-Mail an den Fee.Fee.Fee/Wunsch-Erfüll-Service.de im Kinder-net.
Ich war zitronen-essig-rhabarber-sauer.

„He, Tante Fee – warum hast du unfähige Hilfs-Fee meinen eindrücklichen ausdrücklichen Wunsch nicht erfüllt? Ich wollte doch, dass Papa und Tina nicht mehr rauchen! Und sie rauchen jetzt noch genauso viel wie vorher!"

Die Fee maulte und mailte zurück: „Dein Wunsch wurde doch erfüllt. Siehe Aktenzeichen xyz/09 der Märchenland GmbH.
Du hast gewünscht, dass die beiden nicht **mehr** rauchen. Du hast nicht gewünscht, dass sie **weniger oder nicht** rauchen. Und: Sie rauchen auch nicht **mehr** als früher. Nicht eine Zigarette mehr! Also hundert Prozent Wunscherfüllung! Fee-rtig."

Zigaretten kippen

Reingefallen. Nun muss ich es eben auf anderen Wegen versuchen, Papa zum Nichtraucher zu machen. Die beiden müssen aufhören!
Schließlich sind die Märchen-Drachen, die so stark geraucht haben, alle ausgestorben – an Raucher-Pein oder Raucher-Bein. Papa und Tina müssen aufhören, mit ihren Rachen-Drachen zu spielen.

Mir wird schon etwas einfallen. Sprengstoff in die Zigaretten stecken? Einen Knallfrosch einwickeln? Duften Katzenkot in den Tabak? Zigaretten in Wasser einweichen?

Oder habt ihr bessere Ideen?

Passieren muss etwas, damit nichts Schlimmeres passiert.
Und eines habe ich gelernt:
Nicht nur gegenüber Feen muss man sich ganz genau ausdrücken. Unmissverständlich und ehrlich.

Daher ehrlich: Eigentlich war die Fee gar keine Fee. Nur ein Wunsch. Eine Art Traum. Eben nur eine Tasse für Kinder tauglicher koffeinfreier Ka-Fee.

MedizinalRat

- Die Zahl der Raucherinnen und Raucher ist in den verschiedenen sozialen Schichten unterschiedlich; Personen mit niedrigem Bildungsstand und geringem Einkommen 37 Prozent, in der Mittelschicht 33 Prozent, in der Oberschicht nur 28 Prozent.
- Unter den Patienten mit Lungenkrebs waren 84 Prozent Raucher, 98 Prozent aller jüngeren Herzinfarktpatienten haben geraucht.
- Werdende Mütter, die rauchen, haben häufiger Fehlgeburten und behinderte Kinder.
- Besonders alarmierend ist, dass das Rauchen bei Jugendlichen zunimmt. So rauchen 64 Prozent aller 19-jährigen Hauptschülerinnen und Hauptschüler (39 Prozent in der Abiturstufe).
- Es ist nachgewiesen, dass auch so genannte Leicht-Zigaretten keineswegs unbedenklich und kaum weniger schädlich sind.
- Wer täglich eine Schachtel Zigaretten raucht, nimmt im Laufe von 20 Jahren etwa sechs Kilogramm Rauchstaub und 20 Tassen Teer auf. Seine Lebenserwartung verkürzt sich statistisch um sechs Jahre.
- An Kinder und Jugendliche unter 18 Jahren dürfen seit 2007 keine Tabakwaren mehr verkauft werden (§10 des Jugendschutzgesetzes).
- Als „Passivrauchen" bezeichnet man die Situation, dass Nichtraucher in der Gesellschaft von Rauchern ebenfalls Tabakrauch einatmen müssen.
- Das Passivrauchen ist ebenfalls gesundheitsschädlich, wie viele Untersuchungen belegen. Schon der Rauch einer einzigen Zigarette in einem geschlossenen Raum gefährdet die Gesundheit aller Personen, die sich dort aufhalten.

Nachwort

Ärztliches Attest

Allen Lesern, Vorlesern, Nachdenkern, Unterhaltungspflichtigen, Kinderzimmer-Meistern, Erläuter-Leuten, Geschichtenträchtigen, Nicht-einschlafen-wollen-Könnenden und anderen Bezwingern dieses Buches wird hiermit lachärztlich bescheinigt, dass sie sich künftig als erlesene „Spezialisten für ScHerzkrankheiten und Schmun-Zell-Biologie" ausgeben dürfen und berechtigt sind, mehr zu wissen als andere.
Schmunzeln statt Runzeln. Grinsen statt Ginseng. Heiter lernen hilft weiter lernen!

Selbst die Unruhigsten bannten leselustige liebe Tanten. Allen stressfesten Vorlesern – für sie ist das Buch vorrangig gedacht – wird geraten, ihren jugendfrischen Zuhörern manches noch unverständliche Wortspiel oder vielleicht unbegreifliche Begriffe eigenverantwortlich zu erläutern und autoritätlich zu werden. Sie sind berechtigt, auch heimlich oder unheimlich selbst zu schmunzeln. Das Kinderbuch soll auch dem Vorleser oder der Vorleserin etwas bieten, nämlich das ermutigende „Aha!", als Zusatzwissen und das verstehende „Oho!" mit „Haha!" bei hintergründigen ScHerzschlägen.

Allen jenen, die traurig sind, dass dieses Buch nun zu Ende ist, wird ausdrücklich bescheinigt, dass sie guten Geschmack und humoralisches Verständnis haben. Sie haben die Möglichkeit und das Recht, das Buch noch einmal von vorn zu beginnen (sehr leicht), auf ein weiteres Buch dieses Teams zu warten (sehr unsicher) oder sich selbst Geschichten für die denkbar dankbaren Zuhörer auszudenken (sehr ratsam).

Zu den Nebenwirkungen wie Schlafverweigerung, Mundtrockenheit, Lachfältchen, Augenbrennen, Vor- und Nachlesesucht, Buch-Seitenstechen, Ko-Mischinfektionen und dergleichen lösen Sie sich vom Einpack-Zettel und fragen Sie sich selbst sowie Ihren verständnisvollen, kindgerechten Arzt oder erlesenen Apotheker.

Ende

So, nun ist das Buch zu Ende.
Gefiel es euch, klatscht in die Hände.
Und ist's besonders schön gewesen:
könnt ihr es ja noch einmal lesen!
Und zwar ganz fix,
voll des Glücks –
das kostet nix!

„Schade, schon zu Ende!"

Husten – Schnupfen – **Heiterkeit**